我们一起解决问题

四象限理财

投资理财极简法则

赵磊 冯潇 ◎ 著

人民邮电出版社
北京

图书在版编目（CIP）数据

四象限理财：投资理财极简法则 / 赵磊，冯潇著. -- 北京：人民邮电出版社，2021.11（2022.8重印）
ISBN 978-7-115-57498-5

Ⅰ.①四… Ⅱ.①赵… ②冯… Ⅲ.①投资－基本知识 Ⅳ.①F830.59

中国版本图书馆CIP数据核字（2021）第196634号

内容提要

随着国民财富的增长和消费升级，投资理财已经成为人们生活中很重要的话题。但是，很多时候普通投资者因存在理财误区而草率投资，最终没能顺利获得收益。那么，普通投资者应该怎样培养理财思维、合理配置资产，实现资产的保值、增值呢？

本书立足于四象限资产配置法，为普通投资者提供了一种合理规划资产的新思路。具体而言，本书分为五个部分，分别是财商思维、要花的钱如何规划、保命的钱如何规划、生钱的钱如何规划，以及保本的钱如何规划，涉及储蓄、信用卡、保险、股票、不动产、债券、基金等多种理财方式。同时，本书还提供了大量的案例分析，以便读者在最短的时间内掌握四象限理财的核心要点，从而顺利实现资产的保值、增值。

本书适合从事投资相关工作的人、有理财需求的人及对投资理财感兴趣的人阅读。

◆ 著　　赵　磊　冯　潇
　　责任编辑　张国才
　　责任印制　胡　南

◆ 人民邮电出版社出版发行　　北京市丰台区成寿寺路11号
　邮编　100164　　电子邮件　315@ptpress.com.cn
　网址　https://www.ptpress.com.cn
　北京虎彩文化传播有限公司印刷

◆ 开本：880×1230　1/32
　印张：7　　　　　　　　　　　2021年11月第1版
　字数：180千字　　　　　　　　2022年8月北京第5次印刷

定　价：59.80元

读者服务热线：（010）81055656　印装质量热线：（010）81055316
反盗版热线：（010）81055315
广告经营许可证：京东市监广登字20170147号

推荐序

随着移动互联网的崛起,以及互联网金融的快速发展,越来越多的人开始关注理财,理财的门槛也逐渐降低。居民可用于投资的金融资产日渐积累,"全民理财"时代随之到来,如何通过科学配置的方式让家庭资产保值、增值,甚至实现财务自由,越来越成为现代人的一种必备技能。

现在市面上的理财工具有很多,如储蓄、股票、基金等都是十分常见的理财工具,对于大家来说是挑战与机遇并存。缺乏经验的普通人在理财时不要把"鸡蛋放在一个篮子里"做单一投资,而是使用组合型资产管理模式,在风险与回报之间找到一种平衡状态。在这方面,以标准普尔家庭资产配置象限图为基础的四象限理财就是一个非常不错的选择。

如果将大家手里的资产比喻为一张桌子,那么四个象限就是四条腿。只有四条腿的长短合适,位置也适合,桌子才会稳固。无论缺少哪条腿,桌子都有可能摇摇欲坠。本书的目标就是帮助大家调整四条腿的长短,放在合适的位置,为大家提供一个完美的理财规划,不断提升大家的幸福指数。

四象限理财可以帮助大家分析理财工具的风险和回报,通过划分象限的方式帮助大家配置资产。理财不可能让大家一夜暴富，而本书介绍的四象限理财可以帮助大家实现"理性投资，稳健增长"，进一步优化资产配置。而且，如果大家可以将资产配置到合适的象限中，那么还能产生"跨代效应"，达到"前人栽树，后人乘凉"的效果。也就是说，大家在为自己理财的同时，也可以让后代享受理财的福泽，因而极大地减轻后代的经济压力。

在人生的不同阶段，每个人的想法、需求、社会角色等可能会发生变化。因此，本书指导大家在理财时要对各个象限的资产配置比例进行调整，从而更好地匹配自己当下的理财目标。例如，在单身阶段、婚姻阶段、子女教育阶段等，各个象限的资产配置比例都应该不同。

本书传授大家在理财时一定要打牢第一象限的基础，并且重视第二象限。此外，大家还要对突发事件带来的风险和支出进行预计与评估，在当下做好准备。

总之，如果大家有理财需求，那么千万不要错过本书，本书是大家培养和提升财商的必备读物。作者将通过本书与大家分享理财心得，帮助大家学会正确规划自己的资产，从而走上实现财务自由的"快车道"。

我相信凭借作者在理财领域的丰富经验，本书可以给大家一些启发，让大家认识到资产配置的重要性和价值，尽快成长为理财高手。

鲁海洋

新湖财富投资管理有限公司副总裁

前言

正所谓"你不理财，财不理你"，随着经济的不断发展，理财已经成为当下热门的话题。与此同时，如何培养财商思维，怎样对资产进行合理配置，也已经成为我们必须思考的问题，且备受业内人士的关注。

在新的经济环境下，每个人都应该成为理财达人，跟随时代的脚步，走上属于自己的理财之路。我们需要理财，理财不是富人的专属，只要我们有闲置的资金，就可以设计自己的理财方案，这样不仅能够避免通货膨胀带来的风险，还能够让自己的资产变得更多。

然而，很多人虽然满怀信心与热情地开始理财，但不仅没有获得收益，甚至连本金也亏损了。出现这种情况的原因是他们没有很好地掌握与理财相关的知识和方法，例如，缺乏正确的理财思维、不知道如何配置自己的资产、不了解如何选择理财产品等。

由此可见，理财不是一件容易的事，我们需要明确自己理财的目的，对现金流、预期收益、风险承受能力进行分析，并在此基础上制定适合自己的理财规划。这样可以保证我们有稳定的收益，或者即使面临比较高的风险，我们也可承受。

在理财越来越重要的情况下，我们需要一本优质的理财读物为自己的理财之路保驾护航。笔者将自己积累的丰富的知识和多年的实践经验浓缩成本书并奉献给读者，希望有助于读者掌握理财的真谛。

本书立足于读者的需求，以帮助读者实现资产的保值、增值为目的，对财商思维、各象限的钱应该如何配置进行深入的讲解。值得一提的是本书对重要的技巧性内容都以图片的形式进行了展现，目的就是让读者产生更深刻的印象。另外，本书的文字也力求诙谐幽默、通俗易懂，以便读者能够在轻松愉快的氛围中掌握理财的知识和方法。

理财有风险，本书可以帮助读者规避风险。读者可以通过对本书的学习，在保障生活质量的前提下进行更安全的理财，突破理财困局，稳步积累更多的财富。笔者相信，本书可以帮助读者制定科学、合理的理财规划，使其成长为理财达人。

目录

第一篇 财商思维

第1章 转变思维：走上财富增长的"快车道" / 3

1.1 理财不是富人的特权 ··· 4
  草帽曲线：一辈子那么长又那么短 ················ 4
  努力拓宽财富蓄水池 ······································ 5
  有多少钱可以开始理财 ··································· 7
1.2 不做"月光族"，从个人财务规划开始 ············· 8
  写下目标，就能让收入翻倍 ··························· 8
  明确收入，做简单规划 ································· 12
  分析支出，优化消费习惯 ····························· 13
  制定预算，培养理性消费思维 ····················· 14
  设置负债警戒线 ··· 16

1.3 你真的懂理财吗 ·· 17
　　理财不是发财，是风控 ·· 18
　　理财就是无节制地省钱吗 ···································· 19
　　存在银行的钱其实在缩水 ···································· 20
　　高收益与高风险相伴而生 ···································· 21
　　合理负债可以成为杠杆 ·· 22

第 2 章　四象限理财法则 / 25

2.1 为何要用四象限理财 ·· 26
　　钱要分类，平衡风险与收益的关系 ··················· 26
　　不同性质的钱决定了理财方式 ·························· 28

2.2 四象限理财的注意事项 ·· 30
　　考虑长短需求期限 ·· 30
　　合理匹配理财目标与理财产品 ·························· 31
　　合理分散投资，让理财产生最大效用 ············· 33

第二篇　第一象限：要花的钱

第 3 章　10% 的钱应对日常开销 / 37

3.1 为什么你有多少钱都不够花 ······························· 38
　　你是不是都在被动式花钱 ·································· 38

别人买，我也买：忍不住的消费欲……………… 39
　　　没有合理的储蓄意识…………………………… 42

3.2 你买的东西都需要吗……………………………… 43
　　　你的"双十一"真省钱了吗…………………… 43
　　　为什么后悔的"尾款人"那么多……………… 45
　　　摆脱所有权依恋，让商品在购物车多待一会儿…… 46

3.3 碰上大额开支，怎么安排手里的钱………………… 47
　　　不要轻易清空自己的现金池…………………… 48
　　　用分期付款缓解现金流压力…………………… 49
　　　三一定律：每月应还多少房贷………………… 50

第4章　如何正确积累本金　/　53

4.1 储蓄是理财的第一步………………………………… 54
　　　不断积累原始资本……………………………… 54
　　　储蓄规范我们的支出行为……………………… 55
　　　常见的定期储蓄方式…………………………… 58
　　　阶梯式储蓄实现收益最大化…………………… 60

4.2 如何配置银行理财产品……………………………… 62
　　　为什么一定要配置银行理财产品……………… 62
　　　什么人适合银行理财…………………………… 63
　　　选择收益率水平集中的产品…………………… 64
　　　安全性、收益率、流动性是关键……………… 65

第5章 信用卡：摆脱"卡奴"做主人 / 67

5.1 信用卡的优势 ………………………………… 68
覆盖范围广 ………………………………… 68
延时付款，额度高 ………………………… 69
优化个人征信 ……………………………… 70

5.2 "薅羊毛"的正确方式 …………………………… 71
如何获取超长免息期 ……………………… 71
信用卡的还款技巧 ………………………… 74
如何使用附加权益 ………………………… 76

第三篇　第二象限：保命的钱

第6章　20%的钱支援家庭意外 / 81

6.1 家庭"漏洞"不可忽视 …………………………… 82
低端风险：活着没钱花 …………………… 82
高端风险：资产突然缩水 ………………… 84
一病返贫背后其实是家庭财务隐患 …… 86

6.2 如何提升家庭财务的"抗击打"能力 ………… 88
预留足够的备用金 ………………………… 89
用"双十法则"计算保额 …………………… 90
提升总资产增长率 ………………………… 92

第 7 章 如何用保险保障自己的一生 / 97

7.1 走出个人保险理财的误区 ······ 98
误把保险产品当成投资产品 ······ 98
考虑老、小,忽略了家里的"顶梁柱" ······ 100
认为保额越高越好 ······ 101
认为买保险不如储蓄和投资 ······ 103

7.2 各大险种操作攻略 ······ 105
买寿险的重要性 ······ 105
选择合适的年金险 ······ 106
万能险理财的实用技巧 ······ 109
分红险的三个陷阱 ······ 111

7.3 保险理财策略 ······ 112
快速、高效理赔的技巧 ······ 113
保单利益如何无缝对接 ······ 114

第四篇 第三象限:生钱的钱

第 8 章 30% 的钱赚取高额回报 / 119

8.1 为什么你不敢投资 ······ 120
害怕亏钱,恐惧止损 ······ 120
完全拒绝波动风险 ······ 121

　　　　患得患失，恐惧错失市场机会⋯⋯⋯⋯⋯⋯⋯⋯⋯⋯ 123

8.2　六大投资误区⋯⋯⋯⋯⋯⋯⋯⋯⋯⋯⋯⋯⋯⋯⋯⋯⋯⋯ 124

　　　　误区一：贵金属是最好的投资对象⋯⋯⋯⋯⋯⋯⋯⋯ 125

　　　　误区二：专业人士理财一定比我做得好⋯⋯⋯⋯⋯⋯ 126

　　　　误区三：股市"劳模"的回报最高⋯⋯⋯⋯⋯⋯⋯⋯ 127

　　　　误区四：热衷买受人追捧的股票⋯⋯⋯⋯⋯⋯⋯⋯⋯ 128

　　　　误区五：买的股票亏了钱，只要不卖就没有损失⋯ 129

　　　　误区六：1元/股的股票很便宜⋯⋯⋯⋯⋯⋯⋯⋯⋯ 130

第9章　股票：风险与机遇并存　/　131

9.1　股票交易的基本流程⋯⋯⋯⋯⋯⋯⋯⋯⋯⋯⋯⋯⋯⋯ 132

　　　　开户：线上与线下⋯⋯⋯⋯⋯⋯⋯⋯⋯⋯⋯⋯⋯⋯ 132

　　　　看盘：获取股票的价格、走势⋯⋯⋯⋯⋯⋯⋯⋯⋯ 133

　　　　买入：时机最重要⋯⋯⋯⋯⋯⋯⋯⋯⋯⋯⋯⋯⋯⋯ 135

　　　　卖出：股票卖出的五个信号⋯⋯⋯⋯⋯⋯⋯⋯⋯⋯ 137

9.2　快速看懂K线图的技巧⋯⋯⋯⋯⋯⋯⋯⋯⋯⋯⋯⋯⋯ 138

　　　　K线图的构成要素⋯⋯⋯⋯⋯⋯⋯⋯⋯⋯⋯⋯⋯⋯ 139

　　　　看K线的阴阳及其数量⋯⋯⋯⋯⋯⋯⋯⋯⋯⋯⋯⋯ 144

　　　　看K线实体大小及上下影线长短⋯⋯⋯⋯⋯⋯⋯⋯ 145

　　　　配合成交量看K线及其组合⋯⋯⋯⋯⋯⋯⋯⋯⋯⋯ 145

9.3　股票理财的风险提示⋯⋯⋯⋯⋯⋯⋯⋯⋯⋯⋯⋯⋯⋯ 146

　　　　短线操作与长线操作⋯⋯⋯⋯⋯⋯⋯⋯⋯⋯⋯⋯⋯ 146

股票被套牢时如何解套 ·················· 148
网络炒股中这些事情要注意 ·············· 152

第10章　商铺、写字楼：用不动产生钱　/　155

10.1　商铺、写字楼还值得投资吗 ················ 156
房价上涨的原因 ······························ 156
贵不一定有价格泡沫 ·························· 157
不同的地段应该如何选择 ······················ 158

10.2　商铺、写字楼增值的正确方式 ·············· 162
短线看趋势，长线看地段 ······················ 163
瞄准高潜力城市或区域 ························ 164
租金回报率为多少适合投资 ···················· 165

第五篇　第四象限：保本的钱

第11章　40%的钱保本升值　/　169

11.1　转型家庭的理财思维 ······················· 170
以保守为主，重视本金的长远增值 ·············· 170
主要保障"顶梁柱"和子女的未来 ··············· 172
没必要过于纠结养老问题 ······················ 173
80投资法：年龄与投资比例 ···················· 174

11.2 让家里的钱跑赢通货膨胀 ························· 176
　　投资回报率为多少才能和通货膨胀率持平 ············ 176
　　钱生钱与物生钱 ·································· 178

第 12 章　债券：稳健投资的首选　/　181

12.1 什么是债券 ·· 182
　　利率债与信用债 ·································· 182
　　什么是背书 ······································ 183
　　债券的品种细分 ·································· 184

12.2 债券的收益与风险 ································ 187
　　债券与银行储蓄的区别 ···························· 187
　　市场利率变动带来的价格变动 ······················ 189
　　刚性兑付只是理论上存在 ·························· 190

12.3 如何购买债券 ···································· 191
　　购买方式 ·· 191
　　交易费用 ·· 192

第 13 章　用基金"打败"市场波动　/　195

13.1 我们为什么要买基金 ······························ 196
　　门槛低，10 元起步 ································ 196
　　流动性强，赎回到账快 ···························· 197
　　产品线完整，可组合配置 ·························· 197

13.2 五大基金类型 ······199
股票型基金 ······199
指数型基金 ······200
混合型基金 ······200
债券型基金 ······201
货币型基金 ······201

13.3 购买基金的三大注意事项 ······202
先进先出，分批赎回 ······202
"未知价"交易原则 ······203
金额申购、份额赎回 ······204

13.4 如何选择适合自己的基金 ······204
购入前做好准备工作 ······205
如何判断基金的业绩表现 ······207

第一篇

财商思维

第 1 章

转变思维:走上财富增长的"快车道"

很多人认为理财的前提是自己有充裕的本金。这个想法不无道理,毕竟本金越多,理财的收益就越高。但是,如果每个月只能攒下很少的钱,就不能理财吗?并不是。理财是一个不断让资产增多的过程,钱越少,越需要理财,只有改变思维,我们才能越来越有钱。

1.1　理财不是富人的特权

理财不是富人的特权，而是一种基本需求。无论月薪多少，我们都可以理财。俗话说"你不理财，财不理你"，只有合理规划自己的资产，我们才能积累更多的财富。

草帽曲线：一辈子那么长又那么短

如果把人生比作一条线，这条线可以按年龄分为三段。0～25岁为成长期，这一时期的大部分资源都需要依赖父母获得；25～60岁为黄金期，这一时期是我们创造财富、积累财富的主要阶段；60岁至死亡为养老期，这一时期主要靠黄金期积累的财富来生活。

根据央视网2021年6月报道，我国人口的平均预期寿命提高到了77.3岁。也就是说，我们在黄金期积累的财富需要负担退休后约17年的生活需求。除此之外，这笔钱还可能要用于赡养父母、养育子女、对抗生活风险、抵抗通货膨胀。

如果用虚线表示一辈子的支出，用实线表示收入，两条线恰好组成了一个类似草帽的图案，这就是"草帽曲线"，如图1-1所示。

第1章
转变思维：走上财富增长的"快车道"

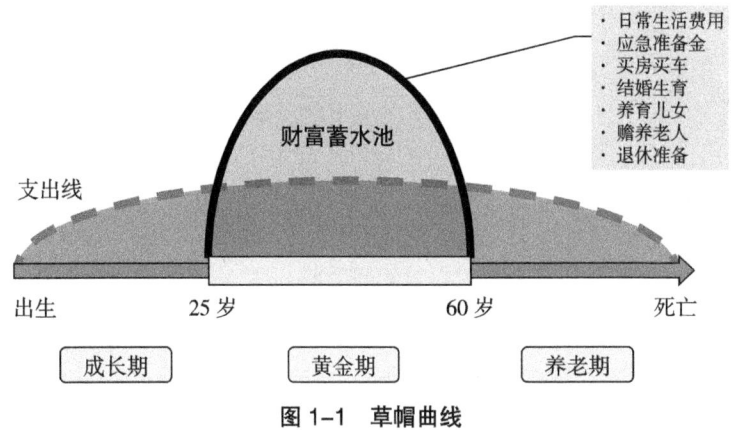

图 1-1 草帽曲线

帽子的凸出部分是"财富蓄水池"，这个蓄水池的"水"负担着我们生活中方方面面的开支。蓄水池的"水"越多，我们的生活负担就越轻。

近几年，经济迅速发展，物价上涨，传统思维不再适用于当下。越来越多的人开始寻找让自己过得更好的方法，于是"理财"逐渐走入了人们的视野。草帽曲线揭示了我们要用几十年的工作时间积累财富，平衡一生的支出。理财的价值也在于此，通过合理安排负债和闲置资金，调整整个生命周期的收入和支出的差额，从而让家庭财富变得更有价值，最大限度地满足个人和家庭的日常生活所需。

努力拓宽财富蓄水池

李莉和赵敏是大学同学，毕业之后进入了同一家公司。刚入职时，两人的工资都是 5000 元左右，交完房租、水费和电费，剩下的钱不足 2000 元。幸好两人都很上进，工资每年都有增长。5 年过去了，两人都从技术员升职为高级工程师，每月工资达到了 20000 元左右。但是，两人的资产状态却大相径庭。

赵敏不仅有房有车，而且两年前和自己心仪的对象结婚生子。李莉却依然单身，没房没车，只有 10 万元存款。而且，随着房价上涨，李莉距离存够首付更是遥遥无期。

按理说两人的工作和收入都差不多，生活状态也应该差不多，但为何 5 年后两人的资产差距那么大呢？这是因为两人对待金钱的理念完全不同。

赵敏善于理财，从刚工作时就开始规划自己的开支，一个月甚至可以只消费几百元，剩下的钱购买了多种理财产品，平时又利用业余时间做兼职。仅用 3 年时间，赵敏就存够了首付，之后马上买房。结婚后，赵敏夫妻两人都工作挣钱，积累财富的速度明显加快。待孩子出生后，两人又买了车，全部资产有 80 万元。

李莉是一位"月光族"，买东西从来不做预算，工作前 3 年甚至没有存下一分钱，后来看赵敏买了房子才开始存钱。但因为缺乏理财知识，两年只存了 10 万元。

根据草帽曲线理论，我们一辈子积累财富的时间只有中间工作的 30 ~ 40 年。这个时间无法延长，我们唯一能做的就是拓宽财富蓄水池，在有限的时间内积累更多的财富，以减轻生活负担。案例中的赵敏便是通过理财在 5 年内积累了财富，拥有比李莉更多的可支配资产。

理财是通过增加收入、控制支出，合理调配财富蓄水池中的

"水",将蓄水池变"宽"的过程。理财不仅能让物质财富最大化,还能让人们整个生命周期内的财富效用最大化。它一般涉及三个方面:第一,开源,即增加收入;第二,节流,即合理控制支出;第三,分配,即合理分配资产以覆盖一生的支出。正因如此,才有了"理财就是理人生"的观点。人生苦短,我们应该尽早理财,努力拓宽财富蓄水池。

有多少钱可以开始理财

很多人提到理财时,第一反应就是自己没有多少存款,根本没必要理财,还不如想办法多赚点钱。这话有些绝对,理财确实需要本金,但如果我们一直不理财,那么我们可能永远无法更快地增加财富,即使未来我们的收入很高,也很难通过理财积累更多财富。

严格地说,是否理财与有多少钱没有太大关系。因此,如果因为存款不多就拒绝理财,这是非常不明智的做法。毕竟,我们只有迈出了理财的第一步,才能建立理财思维,找到投资方向,慢慢地学会理财。

当今社会还存在一个现象,那就是一些年轻人没有存款,甚至在信用卡、花呗上负债累累。改善收支结构也属于理财的一环,毕竟只有存款为正数,资产才有机会增加。

那么,年轻人没有存款,该如何改善这种情况呢?方法很简单,那就是每个月固定储蓄一定的资金,积少成多。当积累了一些钱后,我们便可以通过理财让钱生钱,积累更多的财富。

很多人对理财的认识都存在误区，认为必须先有钱才能行动。但其实理财并不只是买基金、炒股票，合理规划开支、科学储蓄也属于理财。存款达到多少并不是开始理财的必要条件，关键是建立理财意识并积极行动，将自己的收入价值最大化。

1.2 不做"月光族"，从个人财务规划开始

如今，"80后""90后"已成为经济社会的中流砥柱，这代人大多是独生子女，不管是消费观念还是财富观念，都与"70后"有所不同。他们中的一些人偏重于个人追求，热衷于超前消费，挣得多，花得也多，有些人甚至成为"月光族"。那么，年轻人要如何摆脱这种现状，成功积累财富呢？最好的办法是从个人财务规划开始，规范自己的消费支出和投资习惯。

写下目标，就能让收入翻倍

做任何事都要有目标，理财也不例外。明确了目标，理财就有了基本方向，可以有效避免理财过程中的盲目和冲动行为。

第一，从意愿来看，理财目标分为两种：被动目标和主动目标。

被动目标也叫强制性目标，是生活中必要的开支目标，如生活基本开销、偿还负债、保险续费等。

主动目标也叫任意性目标，有不同需求的投资者会设置不同的目标，一般可以分为四类：后享受型、先享受型、购房型、子

女中心型,如表 1-1 所示。

表 1-1 四类投资者的特点

类型	后享受型	先享受型	购房型	子女中心型
特征	习惯将大部分选择性支出都存起来,理财的主要目标是退休后享受更高品质的生活	把选择性支出大部分用在当前消费上,致力于提升当前的生活水平	固定支出以房贷为主,或将选择性支出都储蓄起来准备购房	当前支出以子女教育经费为主,其首要储蓄动机是筹集子女未来的教育经费
理财特点	储蓄率高	储蓄率低	购房本息支出在收入的25%以上,牺牲目前与未来的享受以换得拥有自己的房子	子女教育支出占一生总收入的10%以上,牺牲自己目前与未来的消费,将大部分资产留给子女
理财目标	退休规划	当前消费	购房计划	子女教育规划
付出代价	在年轻时过于苛刻省钱,想留到退休后消费,但是到时可能没有精力享受,反而会引起遗产问题	在工作期间储蓄率偏低,赚多少花多少,一旦退休,其积累的资产可能不够老年生活所需,必须大幅度降低生活质量或靠社会救济维持生活	工作期间的收入扣除房贷支出后,既不能维持较好的生活水平,也没有余钱储蓄起来准备退休,可能会影响退休后的生活质量	把太多资源投到子女身上,在资源有限的情况下会降低自己退休后的生活质量
注意事项	可以投资一些收益较稳定的理财产品,或购买养老保险,让个人收益最大化	设置储蓄投资计划及合理的保险计划,以便在晚年做到财务独立	要充分考虑自己的收入水平和还贷能力,注意购买房屋保险	注意留一些资源给自己,对于花费较多的子女教育项目要做好长期准备;可以选择一些中长期收益较稳定的理财产品

这四类投资者是比较典型的，在现实生活中，理财需求肯定不止这四类。因此，我们要根据自己的需求，有针对性地调整理财计划。

第二，从时间来看，理财目标分为三种：短期目标、中期目标、长期目标。

短期目标是指1年内可以实现的目标，如生活开支减少20%、买一台新电脑、基金获得10%的收益等。

中期目标是指1~10年才能实现的目标，如攒够买房首付款、还清车贷等。

长期目标是指10年以上才能实现的目标，如退休保障计划、子女教育计划等。

短期、中期和长期目标之间并无固定的界限，不同的人对目标的界定也是不同的。例如，买车对于一个毕业不久的年轻人来说可能是中期目标，但对于一个事业有成的中年人来说就是短期目标。

那么，如何制定自己的理财目标呢？我们可以先问自己几个问题：每月结余有多少？每月的所有消费都是必要支出吗？如今的生活状态是理想状态吗？梦想的生活是怎样的？

根据这几个问题的答案，我们可以得出人生各个时期的理财目标。

（1）学生阶段：培养理财意识

学生阶段没有固定收入，无论如何操作，收益都偏低。因此，这个阶段应着重培养理财意识，学习理财知识；有意识地培养自己的经济学思维，以便在日常生活中做出正确决策。

(2) 初入社会：培养科学消费观

初入社会，收入虽低，但上升空间巨大。这一时期是开源的好时期，我们应将主要精力放在工作上，努力提升收入。但由于这个时期我们刚有了自己的收入，很多人的消费欲望十分强烈，稍不留意就变成了"月光族"。因此，本阶段的理财目标应是合理规划收支，培养正确的消费观。

定期储蓄是这一时期最好的理财方式，每个月将一部分固定收入放在货币基金或银行里，既可以积累财富，又能帮助自己控制消费欲望，减少不必要的开支。

(3) 成熟社会人阶段：提升投资收入

这个阶段的人在职场上已经小有所成，工资收入稳定，也有了一部分存款，应开始多花精力在管理现有财富上。例如，选择正确的理财产品，用分散投资、组合投资等技巧实现钱生钱。

(4) 中流砥柱阶段：保障家庭稳定

这个阶段的人的家庭负担较重，养育子女、赡养父母、偿还房贷等处处需要花钱。在这个阶段，保障家庭稳定应该是重中之重。我们应该合理规划资产，为家庭开源节流，提高被动收入，让资金能充分覆盖家庭开支。

(5) 老年阶段：安度晚年

退休后基本就进入了老年生活。在这个阶段，我们的理财目标是在工资锐减的情况下让积累的财富少缩水，生活质量不下降，体面地度过老年生活。

明确收入，做简单规划

有了理财目标，下一步就是明确收入，合理规划手中的资金。以一个普通工薪人员为例，他每月的收入为工资6000元，我们可以将它分为四部分。

（1）日常消费

假设这个人每月的固定支出为2000元，他可以在每月发工资后将2000元转入可以灵活存取的理财产品中，既能方便日常花费，还能获取少量收益。

除此之外，我们还要准备一笔应急款。这笔钱用于满足突然失业、工作调动等情形的生活需要。所以，这个人还要再转1000元到日常消费账户中作为储备的应急款。

（2）保险支出

买保险的目的是平衡重大风险带来的经济损失。假设这个人刚毕业，比较年轻，身体健康，那么除了工作单位固定为员工购买的"五险"之外，他还可以为自己购买一份意外险。

（3）中短期财务目标

如果这个人计划6个月后到广州旅游，预计费用6000元，那么他可以连续6个月每月再储蓄1000元，用于满足这个短期计划。

（4）长期财富增值

现在还剩下少量闲置资金，他可以选1~2只优质基金，每个月做基金定投，让这部分钱实现长期的增值。

理财要做规划，如果我们自己都不知道手上有多少钱，过着

"今朝有酒今朝醉"的糊涂日子，那么工资再高也很难积累财富。所以，不管工资是高还是低，我们都要有意识地做收入规划，这样才能使收入的价值最大化。

分析支出，优化消费习惯

我们明确了每个月能赚多少钱，下一步就是计算出自己每个月要花多少钱。这一步非常重要，如果我们没有好的消费习惯，就很容易进行不理智消费。而这些无效支出正是我们存不下钱的重要原因。那么，如何养成好的消费习惯呢？我们可以从以下几点做起。

（1）消费前分类

根据物品的使用频率和目的，对将要购买的物品进行分类。先购买使用频率高的必需品，其他当下不需要的物品可以暂时不购买。

（2）提升自己对品质的要求

囤货是很多人做过的一件事，特别是在"双十一""618"等购物节，稍不留意就会囤积大量便宜、以后却用不到的物品。因此，我们可以调整购物习惯，不以价格为购买标准，而以质量为购买标准，多选择一些品质高的物品。

（3）衡量自己是否真心喜欢

在购买一件物品前，我们可以先问自己："这真的是我喜欢的吗？我能对这件物品保持多久的兴趣？"很多无效消费来自一时的冲动。因此，我们在消费前不妨多等一会儿再付款，聆听一下内心的声音。

（4）考虑时间成本

为了省钱而浪费时间是我们经常忽略的一点。例如，是打车还是坐公交车，除了考虑价格差异，还需要考虑时间成本。如果我们要马上与客户签合同，显然是打车更有利。毕竟多花一些打车钱换来的可能是高额的奖金。

（5）勿以钱少而不积

"勿以钱少而不积"是一个非常重要的理财观念。几元、几十元看似作用不大，但是一年后积攒到一起也是一笔不小的财富。然而，积小钱并不是像葛朗台一样"抠门"，只买最便宜的东西，而是要树立正确的消费观，把每笔钱都花在刀刃上。

制定预算，培养理性消费思维

制定预算是培养理性消费思维的必要一步，它可以帮助我们对自己的可支配资产进行全面的了解，为以后的理财打下基础。

很多人排斥预算，认为设置了预算会束手束脚，花几十元都要辛苦计算，实在太麻烦。但预算本身不是限制，而是一个提醒，它能告诉我们离目标还有多远，帮助我们量化消费过程。只有当资源有限时，我们才会认真考虑每笔消费的必要性。因为预算有限，我们就会在购物前更多地考虑物品的用途，让每笔消费更有价值。

制定预算有两个基本原则。第一，全覆盖。如果预算不能覆盖每一笔支出，那么相当于没有预算。第二，无重叠。不同的预算应没有重叠部分,这样统计效率和参考价值才高。

一份好的预算有三个标准:第一,目标导向,预算能为理财和生活目标服务;第二,考虑波动,超支和意外属于正常情况,预算需要合理地考虑这部分支出;第三,长线思维,预算要有整体观,每月预算应是年度预算的 1/12,甚至是五年预算的 1/60,而不是每月都不同。

预算分类没有必要过多,分类过多不仅会降低统计效率,还会让人难以坚持。设置预算的目的是控制开支总量,实现储蓄。所以,个人日常消费预算分为三类即可,即餐饮日常、居家日常和购物消费。

这三类消费都有各自明确的特点,如图 1-2 所示。

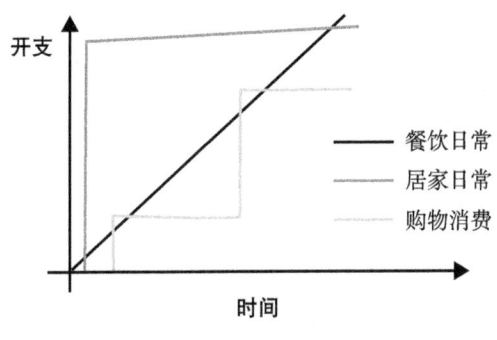

图 1-2 三类消费的特点

餐饮日常包括食品、日用品等开销,简单地说就是超市里能买到的东西。这类开支随着时间而增长,每月预算的使用情况几乎和时间是同步的。

居家日常包括房租、水电费、保险费、办事费用等开销,简单地说就是用于生活的必要支出。这类开支每个月相对稳定,大部分在月初或月末支付,与时间的关系不大,且日常不易压缩,但一旦压缩就会带来飞跃性的效果。不过,如果为了省钱而强行降低生活质量,未免就有些本末倒置。

购物消费包括服装、电子产品、健身卡等开销,简单地说就是吃、住、行之外的其他消费。另外,不知道如何分类的消费也可以记作购物消费。这类开支经常是跳跃性的,如果某个月遇到朋友结婚、更换电脑等情况,可能就会发生预算超支的情况。

至于预算的额度设置,要根据每个人的情况具体分析。一般来说,月度预算等于年度预算除以 12。

有了明确的统计数字后,开支结构便能一目了然,这时再从中找出可以优化、节约的资金就会容易得多。

设置负债警戒线

为了满足日常生活需求,我们有时需要进行合理负债,优化现金流状况。但总有一些人管不住自己的双手,盲目投资,随意购物。最开始没有感觉,可时间一长,负债突破了自己的承受范围,便会陷入"拆东墙补西墙"的债务怪圈。

那么,如何才能合理负债,提升负债风险管理能力呢?我们可以用 28/36 经验法则为负债划定一条警戒线。

28/36 经验法则是指个人或家庭的房产支出,如还贷、物业管理费、房产税等不超过当时收入的 28%;总的负债如房贷、车贷、信用卡负债、小额贷款等不超过当时收入的 36%。将负债控制在这个范围内,基本不会影响个人或家庭的日常生活。

例如,刘先生的税后年收入为 10 万元,按上述规则,刘先生的房产支出每年不能超过 2.8 万元,每月不能超过 2334 元。而他的总负债每年不能超过 3.6 万元,每月不能超过 3000 元。这样刘先生就不会有太大的生活压力。

表 1-2 是计算家庭资产负债的参考指标。

表 1-2 家庭资产负债参考指标

流动资产	消费负债	流动净值
现金、活期存款、货币基金	信用卡负债、其他消费贷款	流动资产 - 消费负债
投资资产	投资负债	投资净值
定存、债券、股票	股票融资、投资贷款	投资资产 - 投资负债
自用资产	自用负债	自用净值
汽车、自住房、其他耐用品	房贷、车贷	自用资产 - 自用负债
总资产	总负债	—
流动资产 + 投资资产 + 自用资产	消费负债 + 投资负债 + 自用负债	—

以上就是科学规划负债的方法。人人都有急需流动资金周转的时候,但一定要合理负债,正确配置个人及家庭的资产和负债。这样既能增强个人及家庭生活的幸福感,又获得了抵御风险的能力。

1.3 你真的懂理财吗

理财是什么?这是我们在理财前必须弄懂的一个问题。可惜大多数人都没有好好思考过这个问题。现在市场上充斥着很多错误的理财观，例如，有人认为理财就是快速暴富，一夜之间赚取百倍收益；也有人视理财为洪水猛兽，认为普通人入市只能赔钱。这些都是片面的观点，理财是对钱的综合管理行为，它是每个人都需要了解的技能，能帮助我们形成正确的金钱观念，优化财务状况，提升生活品质。下面从几个常见的理财误区出发，为大家揭开理财的神秘面纱。

理财不是发财，是风控

随着收入水平的提高，人们对"理财"这个词已经耳熟能详，很多人都尝试过买基金、炒股票。但是，不少人对"理财"这个词缺乏正确的认识。他们认为，理财就是发财，让自己一夜暴富。这些人拿着一生的积蓄，抱着不切实际的幻想，投入一个个鼓吹无风险、高收益的骗局中。但是，这个世界从来就没有免费的午餐。

真正的理财不是发财，而是避免破财，稳定增财，控制财务风险，保护我们辛苦获得的财富。

（1）避免破财

市场环境瞬息万变，各种风险无处不在。利用杠杆进行投资足以让一个家庭多年的积蓄在短期内化为乌有；网络借贷又让不少年轻人背上了巨额债务。

这仅仅是市场风险，还有离婚财产分割、担保被骗、重大疾病、突发意外等风险随时可能摧毁一个幸福的家庭。

对于我们来说,这些风险的控制和隔离甚至比投资收益更重要。投资赔钱还可以挽回,但风险控制是否做好就是有钱和破产的区别。

因此,避免破财是理财的一个重要目标。只有合理规划资产、分散投资,任何时候都有备用资金,我们才能从容应对人生的各种意外状况。

(2)稳定增财

盲目追求高收益是很多人的理财误区。一年赚10倍,三年成为千万富翁,基本没有一个理财产品可以实现这个目标,毕竟理财的收益和本金成正比。因此,稳定增财、跑赢通胀才是正确的理财目标。

随着社会发展,金钱的购买力是在下降的。而长期理财增长的收益可以用于弥补金钱的购买力,让我们的财富不会缩水。

在避免破财的同时稳定增财,保护资产不缩水,才是真正的理财。理财不一定能让我们发财,但它能最大限度地降低生活风险。

理财就是无节制地省钱吗

有这样一个故事。一个小男孩看到了宇航员登月的电视新闻,对天文产生了极大的兴趣。于是,他梦想买一台天文望远镜。然而,天文望远镜价格不菲,需要2000元,这对于小男孩来说是一个天文数字。不过,他没有放弃,而是选择积极攒钱。他抵住了冰淇淋的诱惑,克制了买玩具的冲动,存下了所有的零花钱。后来,小男孩终于存够了 2000 元,当他拿着钱去商店买天文望远镜时,却发现天文望远镜的价格从 2000 元涨到了 3000 元。

我们也经常犯和小男孩一样的错误,以为每天存钱,终有一天能得到自己心仪的东西。殊不知由于通货膨胀,今天能买的东西,明天未必能买到。因此,仅仅无限制地省钱不等于理财,它只是理财的一部分。理财需要思考,除了省钱,我们还要会投资,让手中的钱增值。

(1)存款

足够的原始资金是理财的基础,如果想开展更广泛的投资,积累资本是必不可少的一步。每月从工资里省一些,随着时间的推移,存款越多越有利于日后的投资。

(2)消费

存款虽重要,但只会省钱是远远不够的。花钱也是理财的一部分,如果没有好的消费习惯,合理计划开支,那么我们省钱的过程永远是艰难且痛苦的,而且稍不留意就会超出预算。只有制定合理的消费计划,钱才会更容易存下来。

(3)投资

用投资实现"钱生钱"是实现资产保值的重要方法,但投资是有风险的,有盈便有亏。所以,我们在进行高风险投资时,也要配置稳健的投资产品,做到资产均衡配置。

存在银行的钱其实在缩水

通货膨胀一般被定义为在货币制度下,流通的货币超过实际需要的货币而引起货币贬值和物价上涨。用更通俗的语言来讲，就是物价水平的不断增长造成货币购买力的持续下降。

假设你将 100 元以一年期的方式存在银行，如果存款利率是 2.5%，通货膨胀率是 3%，那么这笔钱就在贬值。因为 1 年后，这 100 元虽然变成了 100×（1+2.5%）=102.5 元，但在通货膨胀率为 3% 的情况下，其实际购买力仅相当于 102.5×（1-3%）=99.425 元。

目前，中国银行城乡居民及单位存款活期存款利率为 0.3%，一年定期存款利率为 1.75%。而国家统计局发布的数据显示，2020 年，我国 CPI（消费者物价指数）比上年上涨了 2.5%。由此可见，把钱放在银行是跑不赢通胀的，只会"越存越少"。

所以，理财不能只把钱存在银行，我们要把钱放在自己手中打理，抓紧学习理财知识，形成独立的理财判断能力，合理配置个人资产，让理财收益早日跑赢通胀，这样才能避免自己辛苦赚来的钱被上涨的物价慢慢侵蚀。

高收益与高风险相伴而生

在众多理财产品中，风险和收益相伴相生。收益高，风险就高；收益低，风险便低。而且，收益的高低与时间长短成正比。为什么不能快速实现高收益、低风险呢？因为理财过程中存在"不可能三角"理论。

"不可能三角"理论是指理财产品的三个特点，即高流动性、低风险、高收益，相互之间可以两两组合，但不能三者兼得。

如果投资者想在短时间内获得高收益，可以选择股票、期货等产品，它们的波动性较强，涨跌幅度较大，收益高的同时风险也高。

如果投资者想要稳定地获得收益，但不想投资时间太长，就可以选择货币基金、银行活期存款、国债等产品。它们可以将资金的用途最大化，既能随时取用，又能产生稳定的收益，而且风险很低。

如果投资者想要比较高的收益，又不想承担太大的风险，就可以选择银行定期理财、基金定投等投资方式的产品。这类产品的封闭性比较强，只适合暂时闲置不用的资金，但是预期收益会比高流动性、低风险的产品高，风险也比较低。

理财产品的流动性、收益性和风险都是相对而言的。例如，股票和银行定期理财相比，股票的流动性高，收益高，风险高；相反，银行定期理财的流动性差，收益低，风险低。因此，低风险、高收益的理财产品不存在。

合理负债可以成为杠杆

近几年，贷款变得越来越容易。有些人用贷款渡过了公司危机，实现了创业梦想；也有些人用贷款超前消费，深陷负债的泥潭。那么，贷款究竟是天使还是恶魔？负债又是否真的有百害而无一利呢？

以常见的住房贷款为例。一个年轻人要想在大城市立足，首先要解决住房的问题。这有两个解决办法，即买房或租房。买房每个月要还高昂的贷款，压力确实不小，但这是一个负债变资产的过程。而租房虽然每月支出少，但属于消费支出，只能为房东增加资产。另外，相对于全款购房，贷款买房剩下的资金还可以用于投资理财，增加被动收益，甚至覆盖贷款的利息。而且，贷款的压力也能督促我们努力奋斗。

可见负债并非都是不好的，合理的负债也能成为撬动更多财富的杠杆。有钱人除了关注资产，还会关注手里的现金流，充足的流动资金可以用于投资理财、经营实体产业等，让钱生钱。所以，不要随意负债，但也不要害怕负债。如果你觉得负债额度不会影响你的生活，就可以积极去负债，让流动资金产生更大的价值。

第 2 章

四象限理财法则

标准普尔是全球最具影响力的信用评级机构之一,与穆迪和惠誉并称世界三大信用评级机构,专门提供信用评级、风险管理、指数编制、投资分析、资料处理和价值评估等服务。标准普尔曾通过分析一些资产稳健增长的家庭的理财方式,总结出了一个准则,只要遵循这个准则,你的资产也可以稳步增长。这个准则就是标准普尔家庭资产配置象限图,也就是本书要介绍的四象限理财法则。

2.1　为何要用四象限理财

"不把鸡蛋放在同一个篮子里"是理财界的一句至理名言。它的意思是我们不能把资产放在一处，而是要分散合理配置，既能让收益最大化，又能平衡风险。而四象限理财就是一种资产配置的方法，它根据资产的作用把钱分为四个账户，并对这四个账户进行不同的理财规划，以保证资产长期、持续、稳健地增长。

钱要分类，平衡风险与收益的关系

四象限理财的作用之一是将钱分类，平衡风险与收益的关系。例如，小蓝有 1 万元，如果把 1 万元全部用于投资一只股票，那么股票跌多少，他就有多少亏损。但如果小蓝把 1 万元分成两份，5000 元用于投资股票，5000 元用于定期储蓄，这样即使股票跌了，也有定期储蓄的收益弥补一部分股票的损失，小蓝的资产风险就小了很多。

这就是四象限理财的作用，可以让我们在预期收益和预期风险之间找到平衡。四象限理财把我们所有的钱分为四个账户，每个账户都具有不同用途的资金及相应的理财渠道。下面介绍如何划分四个账户，如图 2-1 所示。

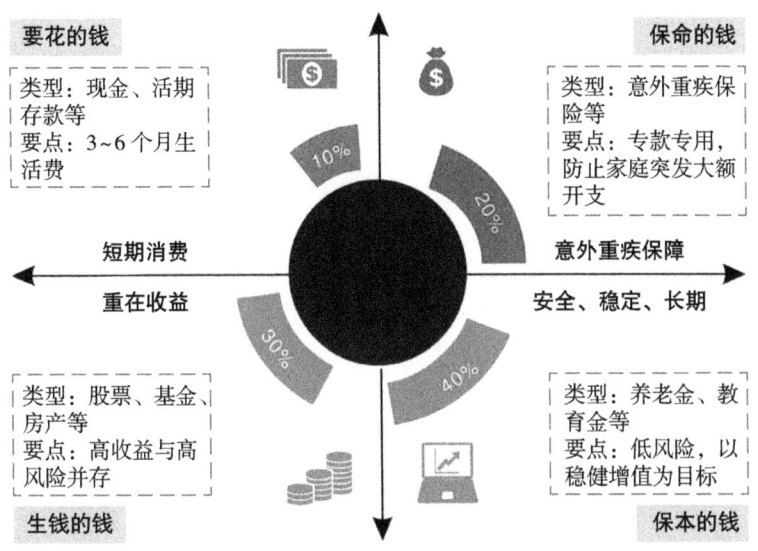

图 2-1 四象限理财的四个账户

（1）要花的钱

第一个账户放的是要花的钱，一般占资产的 10%，是我们 3~6 个月的生活费。这笔资金用于保证我们短期的开销，如日常的衣、食、住、行等。第一个账户的钱切忌占比过高，因为一方面是要能够预留出其他账户的钱，另一方面是可以帮助我们养成良好的消费习惯。

（2）保命的钱

第二个账户放的是保命的钱，一般占资产的 20%，主要用于购买各种保险。这笔资金可以被看作一个杠杆，帮助我们在遭遇重大变故时以小博大。例如，当自己或家人出现意外事故、重大疾病时，有了保险的理赔款，我们就不用为了筹钱而去卖车卖房，甚至四处借钱。

（3）生钱的钱

第三个账户放的是生钱的钱，一般占资产的30%，主要用于购买股票、基金或投资房产等。这笔钱的占比要合理，既要赚得起，也要亏得起。很多人容易犯一个错误，今天花30%的钱投资股票，赚到钱了，明天就用90%的钱投资股票。这样的做法是不可取的，贪多是理财的大忌，我们要时刻保持清醒的头脑，注意平衡风险。

（4）保本的钱

第四个账户放的是保本的钱，一般占资产的40%，主要作用是保本升值，包括养老金、子女教育金等。这笔钱要以本金安全为优先，而且要收益稳定，不能轻易取出。

这四个账户就像桌子的四条腿，少了任何一个，桌子都不能稳固。财富稳定、持续增值的前提就是进行合理的资产配置，只有平衡了风险与收益，我们的个人资产才会更安全，生活质量才会更高。

不同性质的钱决定了理财方式

很多人在理财过程中总是急功近利，盼望着一夜暴富；总希望能够找到理财的捷径，以为自己是被财富选中的人，最后都失望而归。所以，很多时候不是我们的理财能力差，而是用错误的钱，在错误的时间投资了错误的理财产品，最后只能得到错误的结果。

（1）用短期的钱投资长期产品

每笔钱都有不同的性质，需要对应合适的理财方式。例如，小蓝有一笔钱本来是两个月后买房的首付款，很多人投资基金赚了钱。于是，小蓝把这笔钱拿去购买基金，希望两个月后能提高首付比例，减轻之后的还款压力。

理财时，人们普遍会陷入一个误区，即只预设好的一面，却忽略了风险。小蓝的这笔钱在短期内就要使用，而基金属于长期投资，本金很可能短期内无法盈利，甚至会亏损。假设小蓝投资基金后，市场一路下跌，那么两个月后，这笔钱可能已经不足以支付买房的首付款了。

这便是用短期的钱投资了长期产品，一旦期限内未达预期，反而会损失本金。而四象限理财先将钱分类，可以有效地避免发生这种情况。

（2）用借来的钱投资

牛市收益高是很多投资者都知道的道理，但越疯狂的牛市可能越危险。很多人觉得自己理财不赚钱是本金太少了，于是东拼西凑借来大额资金，希望用较高的杠杆大赚一笔。美好事物总是短暂的，牛市也一样，牛市之后便会迎来熊市的暴击。不少借钱投资的人，最后以亏损收场，甚至负债累累。对于普通人而言，用于生钱的钱一定是闲置的钱。对于无法划归到四象限中的钱，千万不可寄希望于它们。

（3）用保守的钱投资高风险产品

每个普通人理财都不愿意损失本金，如今保守型投资者仍是市场中的大多数。想赚取高收益，又不想承担风险，这是一种矛盾的心态。有些人用自己保守的钱买高风险的理财产品，又无法承担风险，结果只能长期套在市场中。

那些理财亏损的人并不是理财能力差，而是没有合理的策略，用错了理财方式，才导致买什么亏什么。

2.2 四象限理财的注意事项

四象限理财不是简单地对钱进行分类，而是根据自己的情况做出合理的资产配置方案。我们不仅要考虑资金的需求期限、理财目标、理财产品的特点，还要合理分散投资，让理财产生最大效用。

考虑长短需求期限

在制定资产配置方案时，我们必须考虑资产需求的长短期限，并为其做好充足的准备，合理安排资产结构，在当前消费和未来收益之间寻求平衡。

首先，我们要夯实第一象限的基础。这部分钱是取用频率最高、需求期限最短的，因此，我们必须保证其灵活性，将其存放在流动性好的地方。

其次，我们不能忽视第二象限。有些人认为自己年轻，没必要配置保险，而且一年的保险费用并不低，还不如用这些钱做其他投资。其实不然，保险是一项长期投资，是应对个人和家庭风险的有力措施。我们需要防患于未然，最大限度地降低突发事件对现金流的影响，这样才能避免个人和家庭破产的风险。

然后，第三象限的钱的取用频率很低，需求期限长，除非发生意外，否则基本不作其他用途。我们可以用这部分钱购买风险较高的理财产品，但需要考虑理财产品的流动性。如果我们短期内有购房、购车的需求，则要避免选择波动性大的理财产品，否则赎回时可能会损失本金。

最后，第四象限的钱的需求期限比较固定，一般用于10年以上的长期理财目标，如退休养老、子女教育等。这部分钱要尽量避免发生意外状况，否则可能动摇个人和家庭的财产根基。

在理财的道路上，懂得合理规划资产很重要。无论收入高低、存款多少，用四象限理财法则对资产进行合理规划都是一项很有必要的工作，它能帮助我们找到适合自己的理财方式，实现资产增值。

合理匹配理财目标与理财产品

如今很多人都有理财意识，他们会用各种理财产品增加自己的收益，保守的人会选择银行存单等，能承担风险的人会选择股票、基金等。但是，对理财产品的选择应该和理财目标相匹配。如果我们的理财目标是让自己和家人过上更好的生活，覆盖个人和家庭在不同阶段的经济支出，需要花钱时有钱花，那么我们选择的理财产品就要兼顾以下四个特性。

（1）期限性

不同的理财产品有不同的期限。例如，活期存款可以随存随取；定期存款期限可以是1年、3年、5年，也可以是3个月、6个月。明确不同理财产品的期限，能帮助我们根据钱的用途选择适合的理财产品。

例如，小明有60万元打算2年后用作买房的首付款，要保证到期时可以取出来，那么他选择理财产品的最长期限不能超过2年，且没有被套牢的风险。

（2）流动性

钱的流动性也是我们在做理财规划时需要考虑的因素。流动性是指这个理财产品在必要时可转变为现金而不会遭受损失的能力。大多数理财产品的流动性和收益率是成反比的，流动性越高的产品，其收益率也相对较低。

为什么收益低，我们还必须考虑资产的流动性呢？因为我们必须考虑生活中一些无法预知或急需用钱的情况，这些钱可以帮助我们应急，避免发生有钱却拿不出的情况。

如果我们把所有的钱都用于购买流动性差的理财产品，如买房、定期理财等，虽然账面上看起来有很多钱，但如果遇到需要立刻拿出钱的情况，这些资产并不能及时变现。另外，如果我们把钱全都用于投资风险高的理财产品，如股票等，虽然收益很高，流动性也高，但变现时可能损失本金。因此，保证个人或家庭一部分资产的流动性是资产配置的重要一环。

（3）风险性和收益性

众所周知，理财只谈收益却不谈风险是不理智的。在理财过程中，我们选择一款理财产品，优先考虑的不是它的收益高低，而是它的收益与风险是否匹配。有些理财产品标榜自己有15%以上的收益，但其风险之大却足以让投资者血本无归。

如果我们不考虑风险，却一味地追求收益，只会脱离自己最初的理财目标，让资产陷入大危机。对理财产品的选择还是要与理财的目标相结合，让不同的理财产品发挥它的最大作用。例如，用于养老的钱可以选择养老保险；用于生钱的钱可以选择股票、基金等；用于保本的钱可以选择银行定存、债券等。

合理分散投资，让理财产生最大效用

投资市场暗藏风险，即使只是其中一个象限的钱，如果数额较多，我们最好也不要只投资一个项目。聪明的投资者会通过投资组合、分散投资等方式最大限度地降低资金风险，让理财产生最大效用。

（1）分散投资的好处

分散投资是指通过投资不同的理财产品来降低投资风险。分散投资可以降低风险与预期收益的比率，做到稳中求进。很多人会将种类、风险不同的理财产品进行精确配比后构建投资组合。

例如，小蓝把所有资金全部用于投资A公司的股票，一旦A公司出现问题，股票价格下降，那么小蓝的资产将受到严重的冲击。但如果小蓝同时投资了A、B两家公司的股票，那么即使A

公司的股价下降，只要B公司的股价稳定，小蓝整体的投资回报还是能有一定保证的，不会损失太多钱。

（2）分散投资的弊端

分散投资虽好，但也存在一些弊端。分散投资在降低风险的同时，也会降低预期收益。因为资金分散，单一的理财产品投入的金额较少，即使该产品的收益高，也很难获得高于市场平均的收益。

第二篇

第一象限：要花的钱

第 3 章

10% 的钱应对日常开销

　　根据四象限理财法则,第一象限放的是要花的钱,它占全部资产的 10% 左右。所谓要花的钱是指保证日常生活的钱,包括衣、食、住、行等方面的支出。这部分钱很容易不够花,有些人甚至因为超前消费,导致资产账户为负,无法配置其他资产。

3.1 为什么你有多少钱都不够花

我们几乎每天都要消费，即使不购买大件物品，每天乘车、吃饭、喝咖啡等活动也要花掉不少钱。于是，总有人抱怨钱不够花，"月光族""负债族"等也越来越多。有些人家庭背景相似、收入相似，但他们的资产状况却相差甚远，其中一个重要的原因就是他们花钱的方式不同。

你是不是都在被动式花钱

很多人都习惯先花钱再存钱，但事实是无论收入提高与否，这样的方式都不能让存款增加。因为对自己的支出没有计划，小钱不计算，经常是想买什么就买什么，结果既没有得到享受，也没有存款，钱却莫名其妙地花完了。

很多时候，我们都在被动式消费。一拿到工资，没有支出预算，也没有存款计划，今天吃一顿火锅，明天买一件潮流单品，后天跟同事团购一个爆款产品，结果交了房租、水电费，发现银行卡里只剩下了三位数的存款，甚至还要借花呗才能撑到发工资的日子。

如今，消费主义重新定义了财务自由，车厘子自由、星巴克自由、奶茶自由等消费概念应运而生，使我们每天都在商家的营销活动中被动式消费。其实，被动式消费才是我们实现财务自由之路上的绊脚石。购买这些非刚需的产品也许能给我们带来一时的满足感，但如果我们沉浸在消费带来的满足感中，便会失去资产增值的机会。

我们在每次付款前都要重新衡量产品的价值，考虑它是否真的值得购买，自己是否真的需要它。商家会努力放大我们的购买欲望，因此，我们在面对明星同款、潮人必备、网红推荐等产品时一定要冷静克制。经常被动式消费，没有储蓄计划，只能让日常支出捉襟见肘，生活的幸福感越来越低。

如果不知道如何做计划，那么不妨制定一个花钱准则：

第一，需要什么买什么，买完需要的东西就不再停留；

第二，为健康和快乐花钱，不要执着于爆款和名牌；

第三，别太早为享受而花钱，能节省时就多节省；

第四，花钱买资产，买生命周期长的产品；

第五，不要根据经济环境花钱，要根据自己的经济水平花钱。

别人买，我也买：忍不住的消费欲

不少人刚发的工资，在月初就花没了。为什么我们无法控制自己的消费欲望呢？其实，当我们忍不住消费时，很可能落入了商家的消费陷阱。

某汽车公司总裁曾提出让消费者疯狂换新车的决策。当时，公司上下都一头雾水，因为汽车技术没有办法短时间内革新，新车和旧车不会有太大的区别,而且汽车并非易耗品,消费者不会高频购买。

总裁没有让研发部革新技术,而是改变了车型和车身颜色,让汽车不再是交通工具,而是成为时尚、身份、地位的象征。这些只更改了颜色和造型的车,马上成为昂贵的最新款。

"新款是时尚,高端人士都及时换新了。"总裁在广告中植入了"主动淘汰旧产品"的概念,让消费者互相攀比谁更时尚,结果真的掀起了消费者换新车的热潮。

然而,消费者的消费欲望再强烈,钱包里的钱也是有限的。没钱了怎么办?于是,分期付款出现了,先消费,分期还款。"早买早享受"的消费理念给很多人制造了虚假的幸福感。

进行理性消费有以下三种方法。

(1) 不要立马做决定,先稳定情绪

我们在情绪不佳时很容易做出不理智的决定。但在日常生活中,真正的危机其实很少。相反,我们更多时候需要用理智解决复杂且抽象的问题。

为了控制情绪,保持冷静,我们在面对紧急状况时,如限时抢购、限量发售等,要先深呼吸,给自己时间平复情绪。思考过后,我们就能发现并不需要立即采取行动,因为以后仍然有机会,而且这件东西也不是我们急需的。

(2) 计算真实的风险

汉斯·罗斯林曾在《事实》中说过:"我们感受到的世界比真实的世界更可怕,这是因为我们注意到的信息都是被媒体精心选择过滤的,而媒体刻意选择那些吓人的信息来吸引我们的注意力。"

很多看起来可怕的风险,其实出现的概率很小。对于自己面临的风险,我们要从危险程度和发生概率两个方面考虑。所以,了解真实的数据很重要。一些商家放大的不购买产品的严重后果,其实多数情况下不会发生。在做出购买决策前,我们必须让自己冷静下来,对数据进行分析,避免因恐惧驱使采取行动。

(3)需要是最好的标尺

对于商家的花式广告宣传,我们也不必一概拒绝。毕竟广告也是人们获取信息的一种途径,有人因为广告买到了心仪的商品,有人因为广告找到了工作。广告是产品和消费者之间的桥梁。但凡事过犹不及,广告泛滥也会惹人生厌。例如,一些减肥产品刻意贩卖身材焦虑,让人们对美产生了错误的认知。

为什么我们有时会无法拒绝这些营销手段呢?这是我们的"应该思维"在作祟。应该思维是指我们对一些自己控制不了的事情,会根据外在标准产生"它应该要这样"的想法。心理学家卡伦·霍妮说过:"人之所以会陷入'应该思维',是因为我们不断在外在世界中寻找被别人喜爱的自我标准,来妄图根据这个标准创造一个理想的自我。"

当我们根据外在标准设定人生目标时,我们很容易为商家刻意贩卖的焦虑埋单。例如,身材偏胖就需要减肥药,睡眠不好就需要保健品,刚工作就要买几万元的包,等等。因此,我们要学会集中精力和时间,把更多的注意力放在自己能控制的事情上,不要执着于不能控制的事情。

我们要知道自己真实的需求是什么，在理性和感性之间找到最佳平衡点，按照自己的节奏扎实地往前走，清醒地知道自己花的每一分钱都是因为"我需要"。

没有合理的储蓄意识

现在很多人普遍重消费、轻储蓄，有多少花多少，一年工作下来依旧没什么存款。没有合理的储蓄意识是钱不够花的一个重要原因。

刚毕业两年的小蓝自己赚钱养活自己，不用再向爸妈要钱买东西了，花钱花得非常心安理得，总觉得自己有大把的时间，过着及时行乐的生活。上半年存几个月的钱去旅游，8月工资在中秋节花了，9月工资在国庆节花了，10月工资在"双十一"花了，11月工资在"双十二"花了，12月工资在圣诞节和元旦花了，1月工资在春节花了……如此循环一年，身上几乎没有存款。

这是不少年轻人的真实写照，没有经济压力、资金危机、养老危机，也没有储蓄意识，工作了几年，资产还是与刚毕业时无异。

合理的储蓄意识是每个人必须培养的意识。任何事都会经历一个从无到有的过程，如果我们始终无法迈出储蓄的第一步，那么也不会拥有存款。因此，我们不妨从以下几件小事开始，培养自己的储蓄意识。

（1）建立正确的消费观

每个月将收入分成几部分，包括日常开销、兴趣开销、强制储蓄等，强制自己每个月必须储蓄一些钱，哪怕是几百元，也要迈出储蓄的第一步。

（2）从记账开始管理个人财务

记账可以让每月的开支和收入一目了然，避免出现购物超出预算、个人财务混乱的情况。

（3）选择一个可靠的理财平台

理财是一个能跑赢通货膨胀的攒钱方式。我们可以从收益、专业性、回款方式等方面综合考虑选择一个合适且可靠的理财平台，将强制储蓄的钱投入，静待财富增值。

3.2 你买的东西都需要吗

近几年，"双十一""618"等购物节层出不穷。购物节当天几乎所有的商家都会打折，营造了一种"不买就是亏"的氛围。大量消费者为省钱而来，却花更多的钱买了大量不需要的商品。这些商品要么闲置，要么很少使用，造成了巨大的浪费。

你的"双十一"真省钱了吗

"双十一"当天还没有到来，小蓝已经历了接二连三的"烧脑大战"，定金膨胀、跨店满减、分享开宝箱等，算了一遍又一遍，终于找到了最佳方案下单付款。可面对陆续到手的商品，小蓝反倒多出了几分负疚感。因为在商家的花式玩法下，她买了大量原本不需要的东西，不仅没省钱，反而多花了好多钱。

随着电商、网购的发展，"双十一"从原本的"光棍节"变成了一个全民购物狂欢日。大多数人参加"双十一"原本是为了省钱，但近几年商家的优惠策略越来越复杂。这也让我们不禁反思：自己真的在"双十一"省钱了吗？

价格便宜一直是吸引消费者注意力的重要法宝，如果再在价格便宜上加一个时限，那么足以让很多人放弃理智，产生冲动消费。可往往是商品到货了，我们才发现虽然买的商品都价格不高，但累加起来也是一笔不小的开支。

而且，因为"满减优惠"等一些规则，自己还为凑单买了很多原本不需要的东西。这些用于凑单的低价产品有些被直接扔掉，有些很快损坏，有些一直摆在家中占用空间。小蓝在清理储物柜时发现了许多自己几年前购买的商品，10 瓶洗衣液有 7 瓶已经过期，3 瓶未开封的防晒霜已经全部过期。这些东西始终没有发挥过作用，都被浪费了。如果她能不被"双十一"的氛围影响，按照自己的生活条件把囤货的低价商品换成自己真正需要的东西，显然可以节省一大笔开支。

我们需要记住消费是永远不可能省钱的，过度消费只能带来一时的满足感。如果我们想变得富裕，就要从消费者变成生产者，降低自己在消费上的时间，理智地对待商家的营销刺激，把精力集中到工作上来。

为什么后悔的"尾款人"那么多

虽然每年"双十一"在 11 月初，但电商平台一般在 10 月底就已经开始了预售。很多人晚上跟着主播下单抢购，一觉醒来，看到"待付款"的大笔金额又后悔不已。"定金一时爽，尾款哭断肠"是不少网购人在过完"双十一"后的真实写照。

小蓝在"双十一"期间说得最多的一句话就是"这也太划算了吧"。各大电商平台都延长了活动期限，小蓝辗转于各大直播间，10 元、20 元、50 元，不知道付了多少定金，可事后发现自己也不缺什么，好像都是主播说东西好就买了。

同样的事情也发生在张莉身上，原本她不打算买东西，但随处可见的促销信息每天都在刺激她的消费欲望。为了"凑热闹"点开购物软件，看见自热火锅付定金可减 20 元、化妆棉付定金第二件 0 元、洗衣液付定金买 2 赠 1，于是她头脑一热付了定金，买了 8 盒化妆棉、4 瓶洗衣液、1 箱自热火锅。收到货后，张莉越发后悔，因为自己一年也用不完这些东西，于是又开始退货。来回折腾一遍，张莉不仅浪费了时间，还搭进去不少运费。

为什么很多人明知每年都会后悔付定金，但每年还是忍不住下单呢？这种消费心理被称为"损失厌恶"心理。当人们面对同样的收益和损失时，损失会让他们更加难以接受。在"双十一"期间，当你每到一处都能看到低价促销的优惠信息时，你的脑海里就会自动产生"此时不买，就会遭受很大损失"的念头，久而久之，很难不打开购物软件看一看。

而且，一般定金都是不能退还的，这笔已经付出又不可退还的钱就成为消费者付出的成本。加上损失厌恶心理对消费者的刺激，很多人只能放弃挣扎，支付尾款。这时退款就成了大部分人的唯一选择。但"双十一"的退款通道有时第二天才会开通，而一些商品在这期间已经发货，这无疑增加了退款的难度。有些人因为已经拿到货，又不愿支付运费寄回退货，只好留下原本不需要的东西。

所以，在商家的各种优惠活动面前，我们应该先冷静审视自己的需求，思考自己是否真的需要这个商品，而不要被营造出的购物氛围冲昏了头脑，直到看见银行账单时才发现自己付出了怎样的代价。

摆脱所有权依恋，让商品在购物车多待一会儿

有一天，孙强心血来潮，想整理一下自己的衣橱。他有两个衣橱，两个衣物收纳箱，一个三层鞋架。现在这些地方已经装不下他的衣服和鞋子了，有些东西甚至只能摆在床和椅子上。

当他整理这些东西时遇到了一个难题，他发现自己只能做到把这些东西整理好，却没有办法淘汰不需要的东西。一些诸如"以后还会再穿吧""扔了好可惜""说不定还要用"的想法总是出现在脑海中，让他无法下定决心扔掉任何东西。

孙强这是陷入了所有权依恋症中。所有权依恋症是指当我们拥有某个商品后，该商品的所有权就会形成一道情感屏障，使我们将自己的情感投入其中，更倾向于喜爱该商品。其主要有以下

三种表现：

第一，迷恋自己已经拥有的商品，且高估它的价值；

第二，注意力集中于因失去商品而感到的恐惧和失落；

第三，认为别人会同样珍视商品。

所有权依恋让我们与所有物的联系加深。社会心理学家早就发现，我们为所有物投入得越多，就会越喜欢它。时间是一种隐形投入，我们持有所有物的时间越长，就会越难以舍弃它。

在现实生活中，所有权依恋症不仅会对我们拥有的商品产生影响，还会对我们没有真正拥有的商品产生影响，如试用的商品、已经加入购物车的商品等。这种虚拟的所有权会让我们产生自己应该拥有这件商品的错觉，从而增加非必要消费的次数。

那么，怎样才能摆脱所有权依恋症呢？《怪诞行为学》的作者丹·艾瑞里提出一种方法，即用"非拥有心态"看待每一笔交易，拉开自己和商品之间的距离。换言之，在购物前让商品在购物车里多待一会儿，当我们下次浏览时便会摆脱所有权依恋，不再产生十分强烈的购物欲望。

3.3 碰上大额开支，怎么安排手里的钱

在日常生活中，我们难免会碰上消费的商品单价较高的情况，如买房、买车等。那么，遇到这种情况，我们要如何安排手里的钱呢？如果我们手里只有 10 万元存款，是否能全部拿去买车呢？下面介绍大额开支的规划方法。

不要轻易清空自己的现金池

小蓝有 130 万元存款,因为结婚后不想还贷款,所以选择全款购房,一下就清空了自己的所有存款。但买完房没几天,小蓝的家人生病了,急需 20 万元做手术。这一下就难住了小蓝,因为他现在除了每月的工资以外,手里只有几千元存款。无奈之下,小蓝只能向亲戚朋友借钱,才凑齐了 20 万元。本来自己工资不低,存款也不少,没想到买房却让自己变成了负债一族,这让小蓝很苦恼。

小蓝的问题是他用自己全部的存款去应对大额支出。这是一种危险的行为,因为它削弱了我们应对财务风险的能力。案例中,小蓝花光积蓄购买的房产不易变现,还容易导致个人资金链断裂,出现资产很多却拿不出钱的情况。

(1)流动资金是财务安全感的来源

一般情况下,我们至少要储备 3~6 个月的生活费,以应对日常开销和紧急情况。虽然现在能借钱的渠道有很多,信用卡、花呗使用起来也很方便,但借来的钱总不如自己储备的安全,如果遇到不能使用信用卡、花呗的情况,也能保证我们从容应对。

如果我们因买房、装修等情况已经背上了大量贷款,则需要把流动资金扩充到 6~12 个月的生活费,给自己留出缓冲的余地,才能不至于让意外事件影响到生活。

(2)尽早做好保险配置

保险规避的是我们因疾病、意外等情况而导致生活困难的可能性。我们可以结合自己的收入状况、工作风险等因素配置保险，力求给自己一个全方位的保障。

如果你正在计划买房、买车，可以在攒房款、车款时在原计划目标上增加30%，以防止自己在买房、买车后出现资金特别紧张的情况。

用分期付款缓解现金流压力

现在不少电商平台都陆续推出了分期付款优惠活动，消费者在购买一些金额比较大的产品时，平台可能会推荐其使用分期付款。有些人是因为自己无全款支付能力选择分期付款，而有些人即使具备全款支付能力也会选择分期付款。

这是因为消费者的消费心理发生了转变。以前人们视负债为洪水猛兽，但随着理财意识的增强，人们越发明白流动资金的重要性。

有些平台为了促进消费，会为消费者提供免息分期。也就是说，消费者每个月只需偿还本金，不用再额外支付利息。对于那些懂得投资理财的人而言，这绝对是一个好消息。分期付款不仅不会立即支付大笔资金，甚至不需要支付利息，剩下的闲置资金正好可以留着赚取收益。分期几个月不仅没有多花钱，甚至还有了额外的收益。

无论是资金充裕还是缺乏资金，我们都应知道在进行大额支付时要保证自己手中有一定的现金流。这可以保证资金周转，不会形成较大的财务风险。因此，分期付款显然是一个非常好的选择，只要每期的金额都在自己可接受的范围内，就可以大胆地进行分期。

三一定律：每月应还多少房贷

买房是许多人人生中的一件大事，这件事看似简单，实则暗藏玄机。随着房价的上涨，很多人选择贷款买房，但动辄几十年的还款期，如果没有选择好每月的还款数额，就会让生活很难过。

还款数额一旦超出自己的承受能力，不仅会让我们彻底沦为"房奴"，还会影响我们此后数年的生活质量，甚至影响我们的职业发展。因为沉重的房贷会让我们尽量避免额外开销，不敢轻易离职，甚至在业余进修、提升自我时都会变得瞻前顾后。

张飞及其妻子都是教师，为了尽早在大城市立足，他们努力凑钱买了一套房子。如今每月的还款数额超过 1 万元，但夫妻俩总的月收入不足 2 万元，既要每月还 1 万多元的房贷，还要应付生活开销、养育子女，日子过得苦不堪言。

因此，我们在买房时一定要懂得"三一定律"，合理计算每月的还款数额，以免被房贷压垮。

定律一：首付要超过房价的 1/3。

我们在买房时最好多用自己的钱，少用银行的钱。虽然前期有一定压力，但是还贷压力会小很多，利息也会少很多。

定律二：房龄不要超过最长贷款期限的 1/3。

一般房屋贷款的最长期限为 30 年，所以我们买的房子的房龄最好不要超过 10 年。因为如果忽略其他因素，老房子的维修成本要比新房子更高。如果我们买的房子房龄过大,那么 10 年以后再卖掉就会很难。

定律三:每月还款额不要超过家庭收入的 1/3。

我们买房时要按照实际收入来确定买多少钱的房子。一般付完首付后,每月还款额最好不要超过家庭收入的 1/3。因为如果每月还款超过这个比例,就很容易影响家庭的生活质量。

第 4 章

如何正确积累本金

投资理财是需要本金的,只有积累了一定的原始资金,我们才能通过理财逐步增加资产。因此,我们可以通过储蓄和配置银行理财产品的方式,一步一步积少成多,攒下人生中第一笔财富。

4.1 储蓄是理财的第一步

储蓄是最基础的理财方式,任何投资都要先从储蓄开始。只有积累了原始资本,储蓄了一定的本金,才能让钱生钱,获得被动收入。

不断积累原始资本

不管是做生意,还是炒股票、买基金,都需要一定的本金。天上不会掉馅饼,不少成功人士在发家致富之前都经历过痛苦而漫长的原始资本积累的过程。

不管做哪种投资,积累原始资本都是首要任务。我们必须严格要求自己,强制自己积累资金,以期在原始资本的基础上建立有效的财富管理体系。

作为普通的工薪阶层,工资是主要收入来源,因此每月强制储蓄依然是积累原始资本的最佳方式。很多人可能觉得每月工资不够花,但其实我们每月的支出都有一部分是非必要的。一般每月强制储蓄 10%~15% 的工资,不会过多地影响个人的生活质量。

除了强制储蓄工资,剩下的就是努力增加收入。做好工作,争取更高收入,也是更有效的财富增长方式。

储蓄规范我们的支出行为

良好的储蓄习惯可以帮助我们规范支出行为。很多人平时只盯着收入,却忽略了支出。例如,刘东平时每顿饭需要花费15元,有一天,他赚了200元,决定奖励一下自己,晚上到餐厅花费了220元,那么他的储蓄不仅没有增加,反而还减少了。开源固然重要,但如果我们忽略了资金出口,财富也很难积累。

在储蓄过程中,我们要对每一项支出的价值进行判断,这样可以减少许多不必要的支出。同时,当积累了一定的资金时,我们也会对资金的使用前景有所期待,这也可以引导我们将资金用在更有意义的事情上。

小红刚大学毕业1年,24岁,单身,近期没有结婚计划。小红的月薪为6000元左右,目前与父母同住,每月交给父母2000元生活费。她虽然没有其他负债,但每月支付完电话、交通、服饰、化妆品、休闲等费用后已经没有多少结余。

小红的生活状态是许多年轻人的真实写照。那么,像这样的年轻人该如何有计划地规范支出,攒下自己的第一笔存款呢?

(1)关注手机

移动互联网时代,手机几乎是每个人都离不开的物品,而一些不合理的资费套餐却在耗费我们的钱。所以,我们要定期查看电话资费套餐等,检查是否有一些无用的收费功能。

(2)能走路就不要坐车

随着滴滴出行等一系列打车软件的发展,我们的出行也越来越方便，有些人更是养成了打车的习惯。但是，我们可以计算一下，假设公司与家的距离在3千米以内，一年的打车费用就是数千元。

在距离允许的情况下选择最合适的出行方式，也是规范支出的重要方法。走路或乘坐公共交通，不仅可以省下一笔开销，还可以锻炼身体，为环保事业出一份力。

（3）少吃零食，养成健康的生活习惯

很多人都有吃零食的习惯，今天和同事团购一杯奶茶，明天在三只松鼠、良品铺子等平台下单买点零食。一袋零食、一杯奶茶可能也就十几元或几十元，看似微不足道，但这些积累起来一个月可能就需要几百元。而且，高盐、高糖的零食对健康没有益处，许多人吃多了零食发胖，又花大价钱买减肥药，形成了恶性循环，最后不仅钱没少花，还赔进去了健康的身体。

因此，多吃蔬菜和水果、少吃零食不仅可以省钱，还可以帮助我们养成健康的生活习惯，获得强健的体魄。

（4）不要贪图便宜

有些人为了省钱特别喜欢买便宜的东西。买东西只看价格，不对比质量，结果买的东西非常容易损坏，反而浪费了一笔钱。例如，小蓝在网上买了一个9.9元包邮的特价热水袋，结果这个热水袋没用几天居然爆炸了。小蓝被烫伤，看病买药花了200元，又不得不花30元重新买一个质量好的热水袋，可谓是赔了夫人又折兵。

虽说花钱要看重性价比，但便宜不是唯一的标准。对于一些耐用品、危险品等对质量要求高的商品，我们要尽量选择质量好、有品牌背书的，避免因贪小便宜而事后花更多钱弥补。

（5）定期处理不用的东西

桌上的东西，柜子里的衣服，真的都是我们需要的吗？你是否已经患上了所有权依恋症呢？控制开支不是忍住不买，而是充分了解自己的需求，只买需要的东西。而通过定期处理不用的东西，我们可以知道自己都花过哪些冤枉钱，从而更了解自己的需求。

（6）不要刻意在打折季消费

很多人喜欢在"双十一""双十二"等打折季集中囤货。对价格低廉的东西充满兴趣，这无可厚非。但事实上，我们在"双十一""双十二"抢购的东西并非每一件都有用。而且，因为"双十一""双十二"的狂欢氛围，我们可能还会买很多"一辈子只用一次"的东西回家。

因此，不要跟着商家的营销买东西，在"双十一""双十二"囤货。因为我们不会因此省钱，反而可能会花很多不必要的钱。

（7）学会控制情绪

情绪会影响我们的行为。有些人心情不好会买东西，有些人心情不好会吃很多垃圾食品，有些人心情不好会深夜酗酒，这些习惯不仅会给身体带来伤害，还会在一夜之间消费掉我们辛苦攒了很久的积蓄。学会控制情绪，不仅可以避免冲动消费，还可以使内心更加坚强。

储蓄是一种习惯，它在人生的任何一个阶段都很重要。当我们每个月有了一笔固定的收入可以规划,开始关心自己的衣食住行时,我们就要养成储蓄的习惯。这不仅可以帮助我们提早积累原始资本,还可以让我们的生活井井有条,以便承担起未来更大的人生责任。

常见的定期储蓄方式

随着储蓄业务的发展,银行推出的储蓄方式已经非常丰富多样,包括活期储蓄、定活两便储蓄、整存整取储蓄、零存整取储蓄、存本取息储蓄、定期定额有奖储蓄、华侨人民币定期储蓄,以及活期支票储蓄、活期异地通存通兑储蓄、代发工资业务、储蓄旅行支票等。

接下来介绍几种最常见的储蓄方式。

(1)活期储蓄

活期储蓄是指不规定具体期限,可以随时存取现金的储蓄方式,其以1元为起存点,不设上限。

(2)定期储蓄

定期储蓄是在存款时按照约定的期限,一次或多次存入本金,整笔或分期支取本金或利息的储蓄方式。定期储蓄可分为整存整取、零存整取、整存零取、存本取息、定活两便、通知存款等多种类型。

①整存整取

整存整取是指按照约定期限整笔存入,到期后一次性支取本金和利息。存期一般分为3个月、6个月、1年、2年、3年、5年。

银行会给储户存单作为取款的凭证。另外,如果储户想提前支取存款,就必须提供身份证;而如果是代他人支取存款,就不仅要提供存款人的身份证,还要提供自己的身份证。这种储蓄方式只能进行一次部分提前支取,可以在到期日自动转存,也可以根据客户的意愿约定转存。

②零存整取

零存整取是指按照约定的期限每月固定存款,到期后一次性支取本金和利息。存期一般分为1年、3年、5年。储户需要每月按照开户时的金额续存,中途如有漏存,就要在次月补齐。这种储蓄方式提前支取的手续与整存整取一致。

③整存零取

整存零取是指一次性存入本金,然后分期支取本金。一般1000元起存,支取期分为1个月、3个月、半年一次。这种储蓄方式的利息于期满结清时支付。

④存本取息

存本取息是指按照约定的期限整笔存入,分次支取利息,到期后一次性支取本金。一般5000元起存,存期分为1年、3年和5年。这种储蓄方式每月凭存折支取利息,提前支取手续与整存整取相同。

⑤定活两便

定活两便是指存款时不必约定期限,可随时支取。一般50元起存,存期不足3个月的,利息按支取日的活期储蓄利率计算;存期3个月以上(含3个月)、不满半年的,利息按支取日的整存整取储蓄利率（3个月存期）的60%计算；存期半年以上（含半年）、不满1年的，利息按支取日的整存整取储蓄利率（半年存期）的60%计算；存期1年以上（含1年），无论具体的存期多长，整个存期的利息按支取日的整存整取储蓄利率（1年存期）的60%计算。

⑥通知存款

通知存款是指不约定存期，支取时事先通知银行取款。一般5万元起存，一次或多次支取。

阶梯式储蓄实现收益最大化

阶梯式储蓄是一种将资金分开储蓄的理财方法，操作方式是将资金分成若干份，分别存成不同期限的定期储蓄。

假设我们现在有6万元，分成3份，金额分别为1万元、2万元和3万元。我们将这三份资金分别存成1年、2年、3年的定期储蓄。当1年存期的存款到期时，我们将其转存成3年存期；当2年存期的存款到期时，我们一样将其转存成3年存期。这样2年以后，3份资金都是3年存期的定期储蓄。而实际上，每份资金的到期时间却是相隔一年的。

理财是对家庭资产长远的规划，我们不能只看未来，还应该考虑过程中的突发情况。而阶梯式储蓄法非常适用于储蓄子女教育金等费用，因为它不仅可以最大限度地挖掘银行利息，还可以做到增值、取用两不误。除了阶梯式储蓄法，还有一些比较常见的储蓄技巧。

（1）12张存款单储蓄

如果你每个月提取收入的10%~15%，做1年期定期存款单，那么一年下来，你就会有12张1年期定期存款单。从第二年起，每个月都会有一张存款单到期，如果你有急用，那就可以使用它，也不会损失利息；如果你没有急用，那么这些存款单可以自动续存。而且，从第二年起，你可以把每个月要存的钱添加到当月到期的存款单中，重新做一张存款单，继续滚动存款。

（2）金字塔存钱

将一笔资金由少到多划成几份，分别存入银行。例如，你现在有20万元需要储蓄，不妨将其分成2万元、4万元、6万元、8万元，分别存为1年存期的定期存款。这样做的目的在于假如你万一有急事需要用2万元，那么只要取出其中的2万元存单即可，另外3份资金的利息不受影响。

（3）分批存钱

你可以在银行开设一个零存整取储蓄账户，每个月从工资中拿出少量的固定金额存入该账户。这个方法适用于自制力较差、存款很少的人，他们可以通过这种方式积少成多。

（4）组合式存款

这是一种将存本取息储蓄和零存整取储蓄相结合的理财方法，又称为利滚利储蓄，即将一笔存款的利息取出来以零存整取的方式储蓄，让利息再生利息。假如你现在有3万元，可以先把它存成存本取息储蓄；一个月后，你可以取出存本取息储蓄的第一个月的利息，再用它开个零存整取储蓄账户；以后你只要把利息取出,就都存到这个零存整取储蓄账户上。

这种方法在保证了本金产生利息的基础上,又能让利息再产生利息,让每一分钱都滚动起来,使收益达到最大化。

(5)短期自动转存

如果你现在有一笔闲置资金,在短期内未必会用到,但又不确定将来什么时候会用到,那就选择短期自动转存的方式进行理财。例如,你现在用5万元办理了短期自动转存业务,将其存为3个月存期的定期存款。如果3个月后,你用不到这笔钱,那么银行将自动帮你连本带利进行转存,这也是一种利滚利的存款方式。

4.2 如何配置银行理财产品

一直以来,银行理财产品因为收益稳定、风险低而备受青睐。可是,近年来银行理财产品的收益并不突出,其他理财产品层出不穷。在这样的市场环境下,我们是否还需要配置银行理财产品?如何配置才能使收益最大化?

为什么一定要配置银行理财产品

提到银行理财产品,很多人不屑一顾,认为它不如投资股票、基金赚钱。可我们做的投资真能如愿都赚钱吗?答案是否定的。股票市场波动大,很多人难以做到低买高卖,不是被套牢,就是忍痛止损卖出。另外,市场经济的外部环境不断变化,让理财投资更要以稳健为主。当其他渠道的产品风险不能预估时，最保险的选择反而是银行理财产品了。

任何时候，银行稳健的理财产品对资产配置都是极其重要的。因为它可以在关键时刻分散风险，让我们不至于遭受难以承受的损失。

当然，高收益和高风险相伴而生，银行理财产品也一样。我们在选择理财产品时务必要结合个人的风险承受能力，认真阅读理财产品的说明书后再购买。

什么人适合银行理财

银行理财产品能成为大多数人的首选，主要是因为其具有以下四个优势：

第一，资金链优势；

第二，信誉优势；

第三，网点众多、快捷便利；

第四，银行理财更专业、客观。

银行理财作为稳健且安全的理财方式，适合的人群相对较多。但是，有四类人特别适合银行理财，不适合做其他类型的理财。

（1）只信任银行背书的人

有一些人不信任其他理财机构，认为只有银行才能保证他们的财产安全。也许有人会觉得他们观念守旧，但这并没有什么不妥。银行特别是国有银行的理财产品风控严格，安全性高，比起一些规模较小的理财产品，风险很低。

（2）风险偏好较低的人

很多人理财都不能接受高风险，保本是他们最主要的诉求。一些未来要花的钱，如购房款、养老金、子女教育金等确实不能有太大的风险。因此，将资金存在银行或买一些保守的银行理财产品是非常不错的选择。

（3）没有好的投资渠道的人

不是每一位投资者都能找到好的投资渠道。很多好项目，普通人没有渠道知晓。而普通人轻易能知晓的理财项目往往风险重重。真正能凭此赚钱的人少之又少。相比之下，借助银行的渠道做多元化的理财是一种高明的理财方式。

（4）年龄偏大，经不起风险的人

一般来说，年龄和风险是成反比的。年龄偏大的中老年人，家庭负担重，更应该选择稳健保守的银行理财，而不是进行高风险投资。银行理财总体的安全性和流动性都很高，而且不需要花时间鉴别真伪，非常适合中老年人。

最后，银行理财也是有风险的，在极端情况下，本金也有可能会亏损。因此，普通投资者购买银行理财产品也要看清楚风险等级。预期年化收益率相同的产品，选择风险等级越低的越好。如果不能接受本金亏损，可以选择银行的大额存单。如果急需用钱，大额存单还可以转活期，相对比较灵活。

选择收益率水平集中的产品

收益率是指投资的回报，一般以百分比的形式表示。很多理财产品都是以高收益吸引大众,但其背后很可能存在诸多问题和陷阱,我们必须仔细考量。

长久以来,投资者似乎已经习惯以收益高低衡量理财产品是否具有吸引力,但现在这种衡量方式已经发生变化。高收益不再是投资者的唯一目标,如何在风险可控的情况下实现合理收益成为越来越多人考虑的重点。

于是,一些中低收益的理财产品由于稳健的发展思路逐渐更受欢迎。现在一些理财平台也不再比拼谁的收益更高,而是比拼谁的风险更低,更能保本。这是投资市场趋向良性发展的重要标志。

理财产品的收益在赎出之前统称为预期收益。预期收益不是越高越好,银行发行的理财产品预期收益越高,风险也越大。这类产品有可能拿不到预期的收益。因此,去银行购买理财产品,不要选预期收益最高的,而是要选收益率水平特别集中的。目前银行理财产品的收益率大多集中在一个月 4% 左右的水平,选择这类产品会更加稳妥。

安全性、收益率、流动性是关键

理财已经成为人们茶余饭后常谈的话题。但是对于理财新手来说,市面上的产品鱼龙混杂,如何配置理财产品,保护资金安全,成为一件伤脑筋的事。对于理财产品的配置方法,有三个关键要素需要注意,即安全性、收益率、流动性。

(1)安全性

投资的风险和收益成正比,收益越高,风险越高,安全性越低。大部分理财产品都存在风险，只是风险的程度不同。因此，安全性是理财最需要注意的一大要素，资金安全是一切操作的前提。在此目标的引领下，我们才能争取到更丰厚的收益。

（2）收益率

普通人积极地理财是为了稳定地增加资产，保障自己的生活。因此，收益率是每个人选择理财产品时都会关注的重点。但是，投资者要调整心态。做理财一定要先熟悉产品，再考虑收益，最终做到在可控范围内收益最大化。

（3）流动性

我们在进行理财时不仅要把眼光放长远，为未来做打算，还要保证当前的生活，避免在出现紧急情况时无钱应对。有些理财产品期限长，流动性差，如定存等，数年内不可赎回，否则会影响收益。如果这部分钱不是闲置资金，那就有可能影响我们当下的生活。因此，我们在选择理财产品时，一定要评估自己和家庭的实际情况，不要拿当下需要用的钱去理财。

第 5 章

信用卡：摆脱"卡奴"做主人

随着信用卡的普及，超前消费、分期支付逐渐走入人们的视野。很多人因无法控制自己的消费欲望而沦为"卡奴"，也有人视信用卡为洪水猛兽，盲目地排斥它。从理财的角度来说，信用卡可以优化现金流。如果我们能充分利用信用卡的还款期限做好资金调度，不仅不会成为"卡奴"，反而可以将其变成很好的理财工具。那么，我们应该如何成为信用卡的"主人"呢？

5.1 信用卡的优势

与储蓄卡相比,信用卡可以在卡里没有资金的情况下进行消费,用户只要按期归还消费的金额就不会有问题。信用卡并不是在缺钱时才需要的工具,它有覆盖范围广、延时付款、额度高、优化个人征信等优势。

覆盖范围广

现在很多年轻人都不经常使用信用卡,他们觉得蚂蚁花呗、京东白条等产品足以替代信用卡的功能,而且信用卡的申请要求又高,不适合日常使用。

事实上,我们还不了解信用卡的优势。在国内,由于第三方支付平台的广泛使用,我们对信用卡的覆盖范围没有具体的感受。但在国外,信用卡覆盖范围广的优势就显现出来了。目前,第三方支付平台在国外只应用于较大城市的机场免税店、大型购物中心、大型连锁店等特定的场所,其覆盖范围远小于信用卡。而无论是东京、巴黎等大城市,还是一些小城市,都可以用信用卡支付。只要能看到有银联标志的地方,就可以使用信用卡。如果我们第一次去一个国家,对当地的货币不熟悉,使用现金付款,无论是在当地银行还是在本国银行进行货币兑换,都难免会遇到各种问题。而信用卡则免去了这些麻烦,费用可以直接从信用卡中扣除,免去了计算汇率、兑换货币等一系列工作。

另外,很多国家不像我国这样在菜市场买菜都可以扫二维码,现金支付还是它们的主要支付方式。在不熟悉当地货币的情况下,每次用现金付款时都要翻来覆去地找出合适的面值。即使能快速找到合适的面值,也会留下一堆零钱,既不易收纳,也不安全。这时,信用卡就可以免去收纳零钱、兑换货币的烦恼。吃饭、购物只需要携带一张卡即可,不用每次消费都留下一堆零钱。

延时付款,额度高

信用卡最大的一个优点就是持卡人享有一定的免息期限,只要在该期限内归还预借资金,就可以不必支付利息。例如,程亮购买最新款的手机需要 8000 元,如果付现金,钱马上就花出去了,但如果使用有 30 天免息期的信用卡,一个月之后再还,那么他可以先用这 8000 元做理财获得一定的收益,无形中就提高了这笔资金的价值。

另外,蚂蚁花呗的额度一般有 1 万~2 万元,已经相当不错了。额度低,极大地局限了它的使用场景。但是,信用卡很轻易就能获得 1 万~2 万元的额度,甚至能通过提额获得 10 万元左右的额度。相比蚂蚁花呗,信用卡能在更多场景中使用。

而且,信用卡中有一部分额度是可以提现的。虽然这个功能在日常生活中的作用不大,但当我们外出旅游、出差时,这个功能可以帮助我们应对一些紧急情况。特别是在境外时，有一些店铺只接受现金付款。当我们口袋里没有现金，又急需现金结账时，能帮我们解决问题的可能就是信用卡了。

优化个人征信

近几年，我国的征信体系越来越完善，无论是申请信用卡还是贷款，都离不开征信。征信既是我们在金融领域的"名片"，也是我们的个人信用数据，与我们的工作、生活、出行都息息相关。

简单地说，征信是专业金融机构对个人信用数据进行整理分析后得到的结果，它能够客观地体现一个人是否有履约能力。

无论是房贷还是车贷，银行都要先审核贷款申请人的征信是否合格。但是，没有违约记录不等于征信合格。如果从来没使用过信用卡，那么征信记录很可能是空白的。如果征信记录为空白，银行找不到评价个人信用的依据，在贷款时就会非常严格地审核贷款人，审批速度也会比较慢，甚至还会有一些其他附加条件。

但是，如果贷款人有一张经常使用且从未逾期的信用卡，那么银行的贷款审批速度就会快很多。毕竟申请者具有优质的征信记录会让银行更加信任，这也是信用卡不可替代的价值之一。

那么，我们应该如何利用信用卡优化自己的征信情况呢？

（1）不要频繁查询信用记录

频繁查询信用记录会在征信上留下查询信息，也间接说明我们可能正面临资金紧张的情况。同时，主动申请信用卡提额也可能会在征信上留下记录。如果想提额，我们可以先保持良好的还款记录,等待银行主动提出,而不要在网银后台频繁申请。

（2）信用卡使用正常

信用卡使用正常意味着不能长期空卡、频繁分期、恶意套现,每个月的支出尽量低于总额度的80%。信用卡在前三个月的使用情况很关键:第一个月不要超过总额度的20%;第二个月不要超过总额度的40%;第三个月不要超过总额度的50%;之后便可以正常使用了。

（3）信用卡数量及贷款合理

我们不必申请多张信用卡,一般1~4张为最佳,最理想的状态是额度大、数量少。贷款也是如此。征信报告中只有几张信用卡和几笔贷款,对我们后期申请信用卡、贷款会更有益。

总之,信用卡的使用情况越好,对我们的征信记录越有利。如果你已经办理了太多的信用卡,那么最好尽早进行取舍。

5.2 "薅羊毛"的正确方式

为了提高客户留存率,每家银行都会推出各种优惠活动,于是就有一些信用卡"达人"活用这些优惠,为自己节省了一大笔钱。这种行为被大家戏称为"薅羊毛"。下面就让我们一起了解"薅羊毛"的正确方式,以便合理利用信用卡权益,为自己省钱。

如何获取超长免息期

信用卡的免息期是银行提供给客户的优惠。如果客户能合理延长免息期，既可以减轻还款压力，又能提升资金的灵活度，让资金有更长的周转时间。一般情况下，信用卡的免息期为20～56天，那么如何合理地将其延长呢？

(1) 50天免息期

最长免息期与账单日、还款日息息相关。账单日即银行发布对账单的日期，还款日即银行要求还款的最后期限。如果我们在账单日后一天进行消费，这笔消费就会计入下一期账单，两个免息期叠加起来就会长达50天。

通常情况下，账单日后20天即为还款日。假如每月1日是账单日，那么21日就是还款日。如果在4月2日消费1万元，那么5月1日才会形成账单，5月21日才需要还款。

(2) 70天免息期

如果想获得更长的免息期，我们可以利用有些银行允许调整账单日的政策，但这种方法不能常用。

假设信用卡的最长免息期是50天，每月5日是账单日，我们在9月6日消费，则需要在10月25日还款。银行的账单日通常可以修改为每月5、15、25日。所以，只要在10月4日之前将信用卡的账单日修改为25日，就能在11月15日还款，免息期就延长至70天。

但需要注意的是有些银行不允许修改账单日，允许修改账单日的银行对修改次数也会有限制。

(3) 100天免息期

如果70天仍然不够，我们还可以把免息期延长到100天。还是上面的例子，假设我们把账单日修改为 25 日，在 10 月 25 日出账后，我们还可以向银行申请分期付款。这样 9 月 6 日的交易就能改到 12 月 15 日还款，相当于有了 100 天免息期。

这样做的成本是需要支付至少 3 期的手续费，具体要看各银行的规定。有些银行需要按期支付手续费，有些银行则要一次性付清手续费。

除此之外，我们还可以灵活安排多张信用卡的账单周期，让免息期更长。

张强拥有两张信用卡，信用卡 A 的账单日是每月 8 日，信用卡 B 的账单日是每月 17 日。4 月 5 日，张强决定购买某件贵重物品，他可以通过挑选信用卡或延迟消费的方式充分享受银行的免息期。

张强的两张信用卡的账单日分别在上旬和下旬，他可以选择使用免息期较长的信用卡。如果张强用信用卡 A 消费，那么 4 月 8 日就会被计入账单，4 月 28 日就要还款。此时，他只能享受 20 天的免息期。而信用卡 B 的账单日是 17 日，如果张强在 4 月 5 日刷卡消费，那么 4 月 17 日才会被计入账单，20 天后的 5 月 7 日才到还款日。此时，他享受的免息期就是 32 天。

如果他一定要在 4 月 5 日购买产品，选择信用卡 B 支付为最佳。当然，他也可以选择延迟消费，将购买日期推迟至 4 月 9 日。在 4 月 9 日使用信用卡 A 消费直到 5 月 8 日才会被计入账单，还款日则为 5 月 28 日，这样他就能享受 50 天的免息期。

由此可见，有计划地安排信用卡的账单日也能使我们享受超长免息期。通常情况下，办理三张账单日分别在每月上、中、下旬的信用卡对我们最有利，这样我们在消费时总能找到一张合适的信用卡，享受最长免息期。

信用卡的还款技巧

随着理财的普及，很多人都意识到了流动资金的价值，信用卡支付也因此成为很多人的付款方式。那么，信用卡还款时有什么技巧呢？

（1）绑定同行储蓄卡

信用卡还款中最能一劳永逸的办法是绑定同一银行的储蓄卡自动扣费，如果是工资卡，则更方便，每月按时自动扣费安全无风险。当然，前提是还款金额不超过储蓄卡的余额，否则会出现信用卡逾期的危险。

（2）支付宝钱包还款

如果你没有一张相同银行的储蓄卡用来还款，还可以用支付宝进行还款。用支付宝还信用卡，在免费额度内不收取手续费，支持多数银行的信用卡。但是，有些银行不支持查询账单，需要我们自己查询账单。

（3）微信也能还信用卡

自从微信有了钱包这个功能后，它就不再只是一款即时通信App了，还是一款方便的移动支付工具。对于没有支付宝的人来说，微信的信用卡还款功能就派上了用场。微信支持多家银行的信用卡还款，但是需要支付一定的手续费。

（4）不支付手续费的方法

支付宝、微信还信用卡固然便捷，但都需要支付手续费。那么，除了用同一家银行的储蓄卡还款以外，还有没有不支付手续费的还款方式呢？

①支付宝网商银行

比起支付宝的当天到账，支付宝网商银行还信用卡支持实时到账且不需要手续费。支付宝网商银行支持国内15大银行及部分境外卡组织。支付宝的账号和支付宝网商银行的账号是打通的，不需要我们再下载一个App。而且，支付宝余额转账到支付宝网商银行也免手续费，可以即转即用。

②微信理财通

用微信理财通还信用卡有一个前提条件是购买理财通的理财产品，这个理财产品是一个类似余额宝的货币基金，可随时取用，只要每月定投500元就能用定投的钱直接还信用卡。而且，理财通还有一个预约还款功能，开通后可自动读取账单，不需要自己手动查询账单。

③银联云闪付

银联云闪付是银联官方推出的移动支付App，信用卡还款到账时间视各家银行而定，从30分钟到2天不等。

④各大银行官方App

直接用银行自己的App还款也是免手续费的，但分同行还款和跨行还款。同行还款非常便捷，但因为银行间没有直接开放数据接口，跨行还款需要手动输入还款金额、日期等信息。如果不想这样操作，就需要下载多家银行的 App，不过这样也比较烦琐。

所以，用各大银行 App 还款适合信用卡比较少且集中在一家银行的人，不然操作起来可能会不方便。

如何使用附加权益

为了鼓励、吸引客户办理信用卡，银行会给信用卡赋予很多附加权益，如航空里程、酒店会员、机场贵宾厅、保险、商超优惠、积分奖励等。

（1）航空里程

有些航空公司与银行推出联名卡，用户可以直接用信用卡积分兑换航空里程，累积的里程可以用于兑换免费机票。

（2）酒店会员

有些信用卡的发卡银行与酒店合作，用户可以以优惠的价格入住星级酒店，或用积分抵扣酒店费用。

（3）机场贵宾厅

一些高端白金信用卡拥有机场贵宾厅权益，如果你的工作需要经常坐飞机，这显然是一个非常合适的权益。

（4）保险

不少信用卡还附带保险权益，只要办了此类信用卡就能获得高额保险，包括航空意外险、延误险、女性健康险等。

（5）商超优惠

很多银行也会与大型商场、超市合作，举办特定信用卡优惠活动，只要满足条件，即可享受打折、满减等优惠。

（6）积分奖励

除了上述权益，所有信用卡刷卡都可以获得积分。不同银行的积分有不同的用处，有些可以兑换实物礼品，有些可以抵扣信用卡年费、获得还款优惠等。

第三篇

第二象限：保命的钱

第 6 章

20% 的钱支援家庭意外

根据四象限理财法则,第二象限放的是保命的钱,它占全部资产的 20% 左右。保命的钱是为了控制因为意外事件而给家庭带来的风险。这部分钱的作用是未雨绸缪,在危险发生之前筑起一道防护网,以便在危险发生时能及时获得支援。

6.1 家庭"漏洞"不可忽视

在日常生活中,我们有时会听说某些家庭因意外事故、重大疾病等而倾家荡产。这是因为这些家庭中存在财务规划漏洞,导致他们没有应对风险的能力,最终积累的财富被一次意外轻松摧毁。

低端风险:活着没钱花

《都挺好》是一部深受观众喜爱的电视剧,该电视剧讲述了随着母亲突然离世,父亲苏大强的安置问题打破了大哥、二哥、小妹原本平静的生活,进而引发了一系列问题。

该电视剧反映的养老问题是当今社会的一个突出问题。随着社会老龄化的逐步加剧,养老问题已经影响到了我们每个人。医学的发达和生活水平的提高让人类的寿命比之前更长,但"活着没钱花"的风险也越来越高。草帽曲线理论指出,人的一生能积累财富的时间是有限的,可见寿命越长的人,年轻时需要储蓄的钱就越多。如果我们不提前做好准备,导致财富增长与寿命延长不匹配,那么我们的晚年生活质量可能会受到影响。

为了实现老有所养、老有所依,每个人都应该考虑一个问题:

在退休前应该储蓄多少钱才可以保证自己安度晚年？养老需求规划需要考虑以下几个关键性因素。

（1）养老金替代率

养老金替代率是指退休后获得的养老金与退休前工资的比值。目前国际公认的最合适的养老金替代率为 70%～85%，即退休后的年收入能达到退休前年收入的 70%～85%，才能维持较安逸的生活水平。

（2）我国城镇职工养老金替代率

城镇职工养老金替代率是指社保在退休后能提供的养老金占退休前工资的比例。我国城镇职工的人均养老金和平均工资每年都在增长，但工资涨幅要高于养老金涨幅。因此，我国城镇职工养老金替代率其实是在逐年下降的。也就是说，仅靠上班获得的养老金可能无法保证退休后的生活质量。

（3）通货膨胀水平

简单地说，通货膨胀水平就是物价每年的平均上涨水平。如果一个年轻人 22 岁刚毕业就参加工作，那么他离退休还有数十年，其间即使通货膨胀率保持一般水平，同一数值财富的购买力也会下降。

（4）储蓄部分的投资收益率

年老时没钱要比年轻时没钱可怕得多，因为年轻时我们还有无限的创造力和精力去获得财富，但老年人无论是创造力还是精力都大不如前，不能靠劳动创造过多财富。

因此，要想不经历"活着没钱花"的痛苦，安稳地度过晚年生活，人们就必须提前进行筹备。尽可能在 35～40 岁制定退休计划，通过合理的资产配置对抗通货膨胀，用安全性高的财务方案提前做好个人财务风险的防范和退休准备，这是提高生活质量的正确途径。

高端风险：资产突然缩水

随着收入水平的提高，不少人攒下了大笔财富，越来越多的人也陷入了"守财难"的困境。辛苦攒下的财富突然缩水，这是很多人正在面临的一个严峻问题。

为了预防资产突然缩水，我们必须知道引起资产突然缩水的原因有哪些。这样才可以有针对性地制定策略，对资产进行重新规划，从而使其保值、增值。引起资产突然缩水的原因主要有以下几个。

（1）公私资产混同

在大众创业、万众创新的时代，不少人因为创业积累了财富。但公司作为独立的法律主体，拥有独立的财产权。有些人因为公司规模较小，将自己的资产与公司的资产混为一谈，让公司的风险波及个人，由此造成了资产突然缩水。

如果你是企业主，应尽早对个人资产与公司资产进行隔离，避免在公司发生危机时，个人资产被认为是公司资产而被冻结、抵债。

（2）离婚财产分割

对于资产较多的人来说，离婚也可能让资产突然缩水，还会埋下财富传承的隐患。例如，小李有一套婚后购置的价值 200 万元的房产，这套房产登记在他和妻子的名下。2021 年，两人因为性格不合而离婚，房产作为夫妻的共同财产进行分割。

但是，两人都想要房产，最后只能将房产拍卖出售。除去相关费用后，两人分别获得了 75 万元。我们可以想一下，之前房产价值 200 万元，现在每人获得 75 万元，合计 150 万元。也就是说，离婚导致小李的资产大幅缩水。

因此，我们要根据财富保值、增值需求，运用婚前协议、保险、信托等方式化解离婚对资产造成的影响。

（3）投资失误

能够攒下巨额财富的人，大多有投资理财的经历。然而，市场经济一直充满不确定性，有一定的投资风险。有很多人为了追求高回报率会选择一些高风险项目进行投资，这是非常危险的。高收益伴随着高风险，一次投资失误可能让辛苦攒下的财富严重缩水。

因此，我们应该根据自身的风险承受能力，合理地配置各种产品的投资比例，并根据市场变化动态调整。小部分资金追求高收益，剩下的资金以保值为主，稳健运作，尽量保证资产能稳定增长。

（4）不可预知的风险

在人的一生中，随时都可能发生不可预知的风险，如市场风险、政策风险、经营风险、人身意外风险等。虽然这些风险都是小概率事件，但不是完全不会发生。当这些不可预知的风险发生时，如果我们没有应对的能力，也可能会导致资产缩水。

因此，我们可以尽早制定家庭资产紧急预案，例如，购买人身保险和财产保险等。一旦家里的"顶梁柱"遭遇意外，可以启动紧急预案，对公司经营权、财产分割等关键性问题进行安排，保证家庭生活正常运转。

一病返贫背后其实是家庭财务隐患

生活中不乏有这样的家庭：日子过得不错，收入也不低，却因为家人生了一场比较严重的疾病，家庭财务就陷入了危机。

刘英生了一场大病，动手术后要卧床休养半年。这期间他没有工作，家里存款也不多，也没有购买除了"五险"以外的保险。巨额的医药费一下子压垮了刘英一家，让他们只能借钱度日。

"一病返贫"这种情况在生活中经常发生，其中一个原因是家庭无法调动足够的现金治病。例如，一个人家里有房、有车、有股票，资产很多，但现金却非常少。面对疾病，他没有足够的现金，只能卖掉股票、房子弥补现金缺口，而因为急需用钱，这些资产只能便宜出售。

另一个导致一病返贫的原因是病好了，经济来源没有了。治病是一个长期的过程，治病期间没有工作和经济来源，只能消耗家庭储备的资金。有些家庭的资金储备不多，又赶上经济支柱生病，没有了经济来源，导致病治好后家里也分文不剩了。

那么，生活中我们如何做资产规划才能避免一病返贫呢？

如果是现金不足的情况，我们可以设计一个支出补偿机制，即办理一个额外的账户，每月存1000元钱。这个账户的唯一作用就是应对家庭风险，平时不可动用。另外，这个账户的钱必须保证能随时支取，以应对可能随时到来的意外情况。

那么，如果是因为储备资金不足，该如何应对呢？这需要我们设置一个杠杆，用较少的投入换取高额的意外保障金。最简单的办法就是购买保险。一个人如果只有社保，还需要自付一部分看病，而且社保也不能覆盖自费药和特需门诊，如进口药、营养药、手术材料费等都是不能报销的。

对于这部分费用，我们可以补充购买商业保险，重疾险就是一个不错的选择。重疾险属于给付型保险，即只要你得了相应的病，那么保险公司就会赔付，而且是实报实销。重疾险不受补偿原则的干扰，投资者可以自己掌控保额。

此外，有些重疾险还可以重复赔付。例如，你在三家保险公司买了重疾险，如果你生了病，那么这三家保险公司都会给你赔付。在买重疾险时，投资者要考虑多项费用，如手术费、康复费、日常开销等。一般来说，保额至少要在30万元左右才可以确保你在安心养病的同时不会为日常开销而烦恼。

当然，我们也不能盲目地花钱买一堆保险。在购买各种保险前，我们要明白两件事。

第一，明确自己现在有多少保险。社保、商业保险、个人医疗险都配备了吗？分别涵盖哪些项目？免赔额是多少？报销比例是多少？明确这些内容，可以让我们在发生风险时最快做出决策，尽快接受治疗。

第二，根据实际情况弥补漏洞。首先，我们要结合预算购买保险，医疗险和重疾险这部分费用不要超过年收入的20%，否则会成为负担。其次，明确保额和保障范围。我们要看保险的覆盖范围是否覆盖自费药，是否覆盖自己所在的地区，是否覆盖所在的医院，是否覆盖一些特殊的治疗手段，否则可能还需要自费一部分。最后，考虑是不是保证续保。医疗型保险大多是一年一续保的，年轻时价格便宜，年老时价格贵，这是正常情况。但如果我们购买的产品不能保证续保，很可能没病时每年交钱，得病以后却买不了了。

除此之外，我们在不生病时还要居安思危，注意培养良好的理财习惯。

我们的收入可以分为两部分，即劳动性收入和资本性收入。其中，劳动性收入的占比在70%左右，资本性收入的占比在30%左右。当资本性收入逐渐取代劳动性收入时，我们就可以实现财务自由。换言之，我们不需要为了赚钱而工作，也不需要在生病时还必须工作。

资本性收入可以通过理财获得。因此，我们一定要有未雨绸缪的意识，积极培养良好的理财习惯，让自己的资本性收入逐渐增加。久而久之，我们就可以实现财务自由，不会因为生病而陷入困境。

6.2 如何提升家庭财务的"抗击打"能力

面临突如其来的危机，原本幸福的家庭可能会受到严重破坏，

第 6 章
20% 的钱支援家庭意外

甚至土崩瓦解，使全家的生活都无法维持在正常水平。为了更好地应对家庭的意外状况，我们必须提升家庭财务的"抗击打"能力，为家庭筑起坚实的防御壁垒。

预留足够的备用金

2020 年初，突如其来的新冠肺炎疫情让许多人突然失业。随之而来的是现金流断裂带来的焦虑，没有足够的资金，生活处处受到限制。这种从天而降的意外情况，谁也不能提前预料，但我们可以用预留备用金的方式为意外情况发生后的生活增添一份底气。

紧急备用金是当遇到意外情况时，我们能快速调用的资金。生活中的突发情况难以预料，如老人意外就医、突然失业等。当这些情况突然发生时，如果有一笔储备资金就可以减轻资金压力，让我们不至于被突然的压力压垮。

一般来说，紧急备用金的金额为 6～12 个月的生活费。这个生活费不仅指饮食、购物等支出，还包含保险费、房贷在内的所有支出费用。

紧急备用金的准备方式有两种。

（1）流动性高的活期存款或货币基金

这种方式可以保证资金的高流动性，但同时也要付出机会成本。所谓机会成本是指为了保证资金可以随时取用而放弃的该资金投资理财的收益。如果每月生活费为 3500 元，紧急备用金则需要 21000～42000 元。

（2）充足的信用贷款额度

这种方式不需要付出机会成本，但需要支付贷款利息。

因为上述两种方法各有优劣，我们在准备紧急备用金时可以将两者搭配使用。例如，每月生活费为3500元，紧急备用金需要21000~42000元，剩下的用信用卡额度作补充，这样既保证了资金充足，又不会付出太高的机会成本。

用"双十法则"计算保额

保险需要多少保额才够用呢？10万元、20万元，还是30万元、50万元？由于每个人的家庭状况、工作收入都是不同的，所以没有通用的保额标准，但可以用"双十法则"计算保额。在保险领域，"双十法则"是最简单、最基础的保额计算方法。简单地说，就是保额不超过年收入的10倍，总保费不超过年收入的10%。

虽然一般都认为保额越高，保障性越强，但保险是长期投资，一旦我们做出决策，如果支付不了后续的保费，就会让其变成一笔无效投资。

在实际操作中，如果我们想给全家都投储蓄型保险，是不可能用10%的年收入撬动10倍年收入的保额的，只有通过各种保险的组合搭配才可能实现。而且，一个家庭要规避风险，并不是绝对需要10倍年收入的保额。对于只在乎保障目标、不考虑现金价值的家庭，保费不需要达到年收入的10%，只需控制在5%~10%即可。

除了"双十法则",还有很多更准确的保额计算方式。

（1）生命价值法

这种方法是指按被保人的生命价值来确定保额。如何将生命价值量化成数值呢？我们需要综合考虑被保人的年收入、退休年龄、年支出等数据，计算从当前时间点到退休年龄，被保人的年收入扣除年支出得出的金额，这就是被保人的生命价值。

例如，小张今年30岁，年收入10万元，每年支出6万元。如果他60岁退休，那么他的生命价值就是（10万元-6万元）/年×（60岁-30岁）=120万元。

生命价值法适合工作稳定、收入变化不大的人使用，如大企业员工、公务员等。而收入像过山车一样的自由职业者、创业者等，则不适用此方法来计算。

（2）家庭需求分析法

这个方法根据被保人的家庭状况，用不同的公式计算不同保险的保额。

①寿险

寿险保额的计算公式如下。

寿险保额 = 家庭负债 + 所有贷款 + 子女教育金 + 父母赡养费 + 生活费 - 现金存款 - 可变现资产

因不少普通家庭上有老、下有小，所以寿险需要保障家庭经济支柱。而随着年龄增大，家庭经济支柱责任降低，退休后基本就不需要考虑寿险了。但是，如果有家庭资产传承需要，就可以考虑配置终身寿险。

②重疾险

重疾险保额的计算公式如下。

重疾险保额＝治疗费用＋康复费用＋收入补偿

根据目前高发的重大疾病的治疗及康复费用，一般至少需要30万元的保额。但如果考虑得病后的误工费用和后续的康复费用，保额则需要50万元以上。如果收入不高，可以先配置消费型重疾险，确定保额充足，日后收入提升再配置储蓄型重疾险。

③意外险

意外险的保额计算公式与寿险一致，与寿险按1∶1的比例配置即可。

④医疗险

医疗险是报销性质的，报销金额以发票为准，保额没有必要过高，现在市面上的百万医疗险几乎都有100万元以上的保额。我们在选择时只需要注意免赔额、自费项目、报销比例、续保承诺即可。

提升总资产增长率

总资产增长率可以反映资产在某个时期的增长情况。总资产增长率越高，表明我们的资产管理做得越好。不过，我们要注意资产增长的质与量的关系，不要对资产的增长情况做出误判。

例如，小孙用全部积蓄10万元开了一家蛋糕店。第一年，他赚了10万元，总资产变为20万元，第一年的总资产增长率是100%。第二年，蛋糕店的生意比之前更好，他赚了20万元，总资产变为40万元，第二年的总资产增长率也是100%。

一家蛋糕店能够维持每年赚20万元的状态已经非常不错。所以，第3年如果没有特殊情况，小孙还是可以赚20万元。那么，相对于40万元的本金，第3年的总资产增长率就是50%。如果到了第四年，小孙依然赚20万元，那么相对于60万元的本金来说，第四年的总资产增长率就是33.3%……

由此可见，虽然小孙的资产在不断增加，但总资产增长率却是下降的，直到趋近于零。每个人都希望在资产不断增加的同时，总资产增长率也能稳步提升。因此，我们可以用家庭资产负债表、收支平衡表、现金流量表合理配置资产，像运营公司一样管理好家庭财务。

（1）家庭资产负债表

家庭资产负债表包含资产、负债、净值三项内容，如表6-1所示。

表6-1 家庭资产负债表

项目	金额（元）	项目	金额（元）
流动资产		长期负债	
现金及存款	85000	教育贷款	6000
流动资产小计	85000	长期贷款小计	6000
投资资产		流动负债	
货币市场基金	0	应缴税金	0

（续表）

项目	金额（元）	项目	金额（元）
股票基金	0	其他应付账款	6000
股票	0	流动负债小计	6000
应税债券	0	负债总计	12000
免税债券	0		
收藏品	0		
投资资产小计	0		
住房现值	2500000		
家具	20000		
其他个人资产	0		
固定资产小计	2520000		
资产总计	2605000	净资产	2593000

一般来说，当家庭负债率小于50%时，偿债能力较高。当负债率小于30%时，购买力大致等于实际生产力，可能会影响理财收益的提高。如果负债率大于50%，甚至更高，家庭可能因为每月为债务支付过高的利息，导致现金净流入减少，在发生意外情况时可能会引发家庭经济危机，造成资不抵债。

家庭资产负债表可以帮助我们看清家庭的负债率，做到及时调整，合理利用杠杆增加财富。

（2）收支平衡表

收支平衡表也就是记账表，如表6-2所示。收支平衡表可以帮助我们记录和汇总每个月的收入和支出，明确家庭经济状况，防止出现入不敷出的情况。

其中，收入包括劳动收入和资本收入，如工资、股票、基金收益等；支出包括每月的所有花销，如餐费、交通费、保险费、房租等。小到乘坐一次地铁，大到交房租、买家具，都要明确记录。

表 6-2 收支平衡表

项目		金额（元）
收入	劳动收入	20000
	资本收入	2000
	共计	22000
支出	生活费	2000
	水、电、煤气费	200
	子女教育费	3000
	保险费	300
	还贷支出	5000
	医药费	500
	交往应酬费	500
	购物消费	500
	共计	12000
月结余		10000

收支平衡表可以从收入和支出的角度判断资金去向。在月底时，我们可以根据收支平衡表看到自己多余的花销，从而节省日常开支。

（3）现金流量表

现金流是指能够随时用来支付的资金。根据每个月现金的流动情况，我们可以绘制出现金流量表，从而为理财和买房等计划做出合理的推算，如表6-3所示。

表6-3 现金流量表

现金流入		现金流出	
项目	金额（元）	项目	金额（元）
工资	20000	生活费	2000
奖金	4000	水、电、煤气费	200
津贴	2000	子女教育费	3000
存款利息	400	保险费	300
房租收入	2000	还贷支出	5000
股票利息	1000	医药费	500
债券利息	800	交往应酬费	500
收回股票本金	100000	购物消费	500
收回债券本金	50000		

现金流量表从现金流入和流出的角度帮助我们判断每个月的剩余资产状况，以此计算出当下的可支配资金，从而制定理财计划。

合理利用三张表格，一目了然的数据可以帮助我们了解家庭资产状况，从而正确调整家庭资产分布，做出合理的资产分配方案，促进家庭资产稳步增长。

第 7 章

如何用保险保障自己的一生

保险是常见的理财产品之一，但我们在进行资产配置时很容易忽视对保险的配置，因为它不能马上产生收益，还需要按期缴费。事实上，保险是资产配置的必要组成部分，它可以帮助个人和家庭更好地抵御风险，解决意外状况下个人和家庭的财务困难，给我们的生活提供一份安心的保障。

7.1　走出个人保险理财的误区

随着人们的理财意识不断加强，保险也得到了人们的重视。但在生活中，仍有不少人对保险理财存在错误的认识，因此做出了错误的决策，导致资金的损失。下面通过介绍四个错误的保险理财认知，带领大家走出个人保险理财的误区。

误把保险产品当成投资产品

几年前，小李买了一份重疾险，连续交了几年的保费，可最近他却后悔了。因为他这几年的日子过得很平安，没病没灾，而且自己又没结婚，父母也身体健康、有医保。所以，他觉得自己的这份重疾险买"亏"了，不仅当下用不上，未来也没有回报，相当于把钱"送给"了保险公司。

其实，很多人都有像小李这样的想法，觉得买保险等于"白花钱"。实际上并非如此，虽然我们买保险是为了发生意外时能及时得到赔付，但不出现事故、不需要理赔才是大家期望的。现在金融市场上也有很多保险产品具备储蓄和保障的双重功能，但保险更重要的功能还是保障。因此，保费支出不是一种"投资"，而是一种"保障"。

那么，我们应该如何看待保费支出呢？

假设你的面前有两个选择：选甲，一定能得到1万元；选乙，有1%的概率得到100万元，有99%的概率会一无所有。你会选哪个？笔者相信，有不少人会选择甲。但如果换一个说法：选甲，一定会损失1万元；选乙，有1%的概率会损失100万元，有99%的概率不会发生任何事。你会选哪个？这时，选乙的人就变成了大多数。为什么？因为大家都会觉得自己不在1%的范围内。

这个问题的原理是金融学中的"损失条件下风险偏好反转"。在两个"赚钱"的选项中，大多数人是风险厌恶者，会选择收益确定的甲方案。但如果是在两个"亏钱"的选项中，大多数人又变成了风险偏好者，会选择存在风险的乙方案。

这个案例中"亏钱"的两个选项恰好体现了买保险的逻辑。甲方案是支出保费，出现意外有保险公司补偿；乙方案是不买保险，出现意外自己承担后果。从这个角度看，买保险不是"亏钱"，而是对生活的一种保守态度。

如果我们把付出的时间、金钱等要素看作达成目标的"成本"，那么我们会更容易接受。但如果我们把付出看作"损失"，则会更容易感到悲观。例如，一个人想减肥，他每天心里想减肥真辛苦，不仅要饿肚子，还要高强度运动，那么他很可能坚持不下来。反过来，如果他心里想只要每天适当运动、少吃零食就能慢慢瘦下来，那么他可能会坚持更长时间。

买保险也是如此，摆正心态很重要。在买保险之前，我们要先想好为什么买保险，自己是否需要保险。例如，很多人买重疾险，只是为了万一出现意外，还能让家人有足够的经济基础。所以从这个角度看，用不到保险才是最理想的结果。为了这份"稳定"和"安全感"，也为了家庭能拥有更强的风险抵御能力，保费支出不能算"白花钱"。

考虑老、小，忽略了家里的"顶梁柱"

很多家庭都有一个根深蒂固的观念：再苦不能苦孩子。特别是现在很多家庭都只有一个孩子，父母生怕孩子受了委屈，所以孩子一出生就急着给他买保险。给孩子买保险没问题，但因为很多家庭的收入有限，父母只顾着给孩子买保险，却忘了给自己买保险。要知道，每个家庭的支柱是父母，如果他们因疾病或意外而丧失工作能力，整个家庭都会陷入困境。因此，家庭保险的购买原则应该是先大人、后孩子。

对于很多家庭来说，爸爸都是家中的"顶梁柱"。年轻爸爸为家庭遮风挡雨，中年爸爸上有老、下有小，老年爸爸健康状况下降。爸爸这个角色承担着巨大的家庭责任，也面对着许多无形的压力。那么，如何用保险分担爸爸肩上的压力呢？

（1）年轻爸爸

年轻爸爸刚开始接受角色转变，承担家庭责任。此时，他们的事业还处于上升期，收入一般，经济负担较重。除了负担家庭的日常开支，还要养育子女，家庭收入结余较少，应对风险的能力较弱。一旦出现意外情况，家庭可能会遭受毁灭性打击。

因此，年轻爸爸可以配置一年期意外险和百万医疗险，等收入增加后再配置重疾险，主要保障个人健康和人身安全。

（2）中年爸爸

中年爸爸有了一定的社会地位，工作稳定，收入良好，但普遍面临着上有老、下有小的情况。房贷、车贷等生活成本持续增加，身体状况却开始走下坡路，患病的风险增加。如果身体状况不合格，保险公司可能会加费、增加除外责任或拒保。

因此，中年爸爸一定要配置医疗保险，而且要兼顾意外、重疾类保险。另外，随着年龄的增长，养老规划也要提上日程。配置养老保险，可以当作一种强制储蓄，为自己多存一份养老金。

（3）老年爸爸

老年爸爸的身体健康状况开始大幅下降，患病的风险非常高。另外，老人行动不便，反应能力下降，意外风险也大大增加。这一时期，医疗费用是他们最主要的支出。

老年爸爸可以购买的保险产品较少，可以配置意外险和健康保险。购买这两种保险相对容易，也比较实用，可以对一些意外情况做出保障。另外，一般重疾类保险的承保年龄在 60 岁以下，而且年龄越大，保费就越高。如果本身患有慢性病，保险公司可能拒保，对此老年爸爸可以选择住院、津贴类的健康保险。

认为保额越高越好

小刘在年初被确诊患有癌症，治疗费已经花了 20 万元，后续治疗还要花很多钱。好在他买了重疾险，可他拿到理赔款时却后悔了。原来是小刘的重疾险保额只有 10 万元，根本无法覆盖治疗费用，可由于他已经患病，没有办法再追加保额了。

那么，不同的保险产品，保额为多少才合适呢？是否越高越好？

保额是保险公司理赔时支付的上限。只有足够的保额才能有效转移风险，真正起到保障作用。所以，保额过低或过高都不合适。

如果保额过低，我们对抗风险的能力会不足，无法平衡风险造成的损失，也就失去了保险的意义。例如，我们购买的重疾险保额为20万元，但被确诊后需要50万元的治疗费用，这就意味着剩余30万元要自己承担，对于任何一个普通人来说都是不小的损失。

如果保额过高，我们可能面临两个问题：一是增加支出负担；二是需要向保险公司提供收入证明。

（1）增加支出负担

保额越高，保费就越高。过高的保费会增加家庭支出，成为家庭负担，这与其保障的目的相违背。

（2）提供收入证明

一些保额较高的保险会要求被保险人提供收入证明，以此判断被保险人是否需要这么高的保额，是否存在骗保行为。

例如，被保险人的年收入只有10万元，但他购买了150万元的寿险。面对巨额赔偿金的诱惑，可能会出现被保险人自杀或受益人伤害被保险人的不利情况。因此，保险公司要求提供收入证明，也是对被保险人人身安全的保障。

那么，不同的保险产品应该买多少保额呢？

（1）意外险

发生意外事件产生的损失是很难预测的。为了减少意外事件造成的伤害，我们必须做最坏的打算，保额最好能覆盖一部分家庭债务，如房贷、车贷等。

（2）寿险

寿险是对家庭经济支柱的保障。如果家庭经济支柱丧失劳动能力，没有收入，那么家庭的债务、日常生活费用就会少一人负担，生活质量会快速下降。因此，寿险的保额要能覆盖家庭债务；如果没有债务，则要覆盖家庭的生活费。

（3）重疾险

如果罹患重病，我们不仅要支付高昂的医疗费用，还要面临康复保健费用和家庭生活费用减少等其他风险。因此，重疾险的保额必须充足。对此，我们前期至少要有30万元的保额用于治疗疾病，还要按年收入的5倍增加保额以保障后续支出。一般来说，配置50万元的保额比较合理，如果家庭需求多，保额可以再高一些。

认为买保险不如储蓄和投资

小吴与妻子为自己配置了重疾险、意外险和寿险，每年的保费支出为10000元。小吴觉得这笔保费支出不是小数目，就想把这笔钱存在银行，用来解决养老问题和不时之需。而妻子却认为这个方法不可行，因为储蓄抵抗风险的能力要比保险低很多。

很多人都有小吴的这种想法，觉得保险是一笔开销，储蓄和投资还能赚取收益。但事实上，把保费存在银行真能帮助我们抵御风险吗？答案是否定的。

为什么要买保险？生活中处处有风险，意外往往在我们还没有准备好时发生。小到感冒发烧、磕碰摔伤，大到交通事故、罹患重病等，我们不能做到预知风险，所以就要未雨绸缪。虽然储蓄能备不时之需，但不能平衡意外带来的损失。而保险却不同，它能用较少的保费给我们最大的保障，平衡固定资产损坏、医疗费用的损失、无法正常工作的经济损失。

例如，小吴为自己购买了重疾险，保额20万元，每年保费1250元；小红每年为自己储蓄1万元，不买保险。如果5年后，小吴和小红同时身患重病，需要20万元的医疗费，小吴可以用20万元理赔款支付医疗费，而小红仅有5万元，即使算上定期储蓄的利息也完全不够支付医疗费。同时，因为患病，小红没有工作能力，也无法继续储蓄备用金。

那么，有哪些保险是必须买的呢？从保障功能来讲，意外险和重疾险应该是最先配置的。意外险一年的保费为几百元，保额能达到几十万元，足以应对意外风险带来的损失。重疾险的保额要以年收入的5倍作为标准，因为医疗费加上后续的生活费可能需要几十万元。

保费可以根据家庭年收入酌情增减，我们要保证保费负担不会影响家庭的正常生活，才能让保险发挥最大的作用。

7.2 各大险种操作攻略

市面上的保险理财产品种类繁多,很多人买保险都只是听保险销售员的一面之词,缺少自己的判断。那么,针对各种常见的保险产品,我们在购买时有哪些注意事项呢?下面介绍寿险、年金险、万能险、分红险的操作攻略。

买寿险的重要性

提前配置寿险是很有必要的,它可以让我们在面对未知的风险前做足充分的准备。寿险又名"死亡险",是一种以死亡为赔款条件的保险。它分为三种类型,即一年期寿险、定期寿险、终身寿险。

一年期寿险的保障期限只有 1 年,这类寿险的保费便宜,却不适合长期保障;定期寿险可以平衡一段时间内身故带来的损失,如 20 年、30 年等,适合工薪家庭中的经济支柱投保;终身寿险可以保障终身,适合资产较多的家庭做财富传承。定期寿险与终身寿险的区别,如表 7-1 所示。

表 7–1 定期寿险与终身寿险的区别

产品类型	定期寿险	终身寿险
适合人群	工薪家庭	高净值人群
主要作用	避免家庭经济支柱身故,导致家庭财务恶化乃至破产	身价保障、财富传承、合理节税
保障时间	只保障一段时间,通常可以选择到 60 岁	保障终身

(续表)

选择要点	产品费率、健康告知、免责条款	产品费率、最高保额、附加服务
适合人群	上有老、下有小、有房贷的上班族	房产、积蓄都比较多的企业家和高管

在上述三类寿险中,最适合普通人的就是定期寿险,可以有效对冲家庭经济支柱意外身故带来的损失,保证其他家庭成员的生活水平。但是,如果家庭投保的预算充足,也可以选择终身寿险。这样即使未发生意外,也能让子女在自己身故后拿到理赔款,从而实现家庭的财富传承。

选择合适的年金险

年金险是指投保人按期缴纳保费,以被保险人生存为条件,按期给付保险金,直至被保险人身故或合同到期。年金险属于人身保险的一种,被保险人年轻时缴纳保费,可以让自己在年老或丧失劳动能力时获得经济收益。

购买年金险的四个步骤如下。

(1)明确买年金险的目的

不同的年金险有不同的优势,购买目的不同,选择的产品就不同。

①养老金储蓄

这种情况可以选择养老年金保险。如果想提高退休后生活的品质,可以配置可领年金较高的产品;如果想身故后给孩子留下一笔钱,可以配置身故保险金较高的产品。

②子女教育储蓄

这种情况可以选择教育金保险，以应对子女接受高等教育及深造的支出。这类保险有些具有保费豁免功能，在特定条件下，如父母重病、身故等，即使不续费也能继续保障。

③快速拿到年金

如果我们在几年后有资金需求，可以选择短期可领的年金险，如5年等。

④应急储备

这种情况可以选择现金价值较高的产品，以实现在发生紧急状况时通过保单进行资金周转，应对家庭经济危机。

（2）明确怎么交费

①交费年限

年金险的交费期限有一次性交清、分3年交清、分5年交清、分10年交清、分15年交清、分20年交清。我们可以根据自己的需要进行选择。

例如，给子女储蓄教育金，就要根据子女的年龄选择交费年限。如果孩子刚出生，可以选择分15年交清；如果孩子10岁左右，可以选择分5年交清；如果孩子15岁，则不适合选择教育金保险。

②交费金额

交费金额要根据家庭经济情况而定，原则是不影响当前的生活质量，不能成为家庭的负担。另外，经济基础较薄弱的家庭不适合配置年金险。因为对于这类家庭来说，真正的风险是家庭经济支柱出现意外或罹患重病，年金险的赔付不能平衡这些风险带来的损失，不如补足重疾险、意外险和医疗保险。

（3）明确怎么领年金

①保障期限

如果我们想为自己储蓄养老金，最好选择终身期限的产品。因为我们的养老金必须坚持到生命的最后一刻，如果年金不能终身领取，则无法起到养老的作用。

②开始领取的时间

不同的年金险，开始领取年金的时间也不同。例如，教育金保险开始领取年金的时间是子女18岁以后；养老年金险开始领取年金的时间是被保险人到法定退休年龄。

（4）明确能领多少年金

①预定利率、实际收益率

根据《中国银保监会办公厅关于完善人身保险业责任准备金评估利率形成机制及调整责任准备金评估利率有关事项的通知》，目前普通型年金险的预定利率由原先的4.025%下调至3.5%。

②现金价值

年金险的现金价值是指这份保单值多少钱。现金价值一般有以下四种用途。

第一，具有现金价值的保单可以通过减少保险金额的方式提取一部分现金。

第二，具有现金价值的保单可以做"保单贷款"，最高限额是现金价值的80%。

第三，具有现金价值的保单解除保险合同，可以拿回全部的现金价值。

第四，优质的年金险在交费期满后现金价值会越来越高，可以很好地实现对被保险人的身故保障。

③累积生息

年金险有一个特殊功能叫累积生息，如果我们一直不领取年金，可以享受一定的累积生息利率。但不是每家保险公司都提供这个功能，具体要以保险公司的实际情况为准。

万能险理财的实用技巧

万能险是兼具保障功能和保底收益的一款人身保险产品，因功能强大而受到了很多投资者的青睐。但是，万能险并不适合所有人。购买万能险必须满足以下四个条件：

第一，有稳定的收入；

第二，有一笔闲置的资金且长期内没有其他投资意向；

第三，能承受投资风险，没有时间进行其他投资；

第四，能接受5年以上的中长期回报周期。

我们购买万能险需要明确以下四大要素。

（1）最低利率

万能险能够实现保底收益的原因是其明确规定了最低利率。但是，目前市面上不少万能险的最低利率不太一样，保险公司投资业务的优劣对最低利率有很大的影响，我们需要详细地了解和比较。

（2）理赔标准

万能险一般只提供身故保障，理赔额度分为两种：第一，身故时保单价值的一定比例与基本保险金额中的较大者；第二，身故时保单价值与基本保险金额之和。一般来说，身体健康且非高风险职业的投资者可以选择第一种理赔标准，以降低每年的保费支出，通过"利滚利"积累更多的现金价值；健康状况不好或从事高风险职业的投资者可以选择第二种理赔标准，给予家庭最大限度的保障。

（3）结算方式

一般万能险产品依据市场利率变化采取月度结算方式。但是近年来，很多保险公司推出了"双重结算"模式的产品，即综合月度结算和终了结算两种结算方式。月度结算对应金融债、国债等投资渠道，终了结算对应股票、基金等投资渠道。对于追求稳健收益、看重复利的投资者，传统结算模式更合适；对于希望博取高收益的投资者，双重结算模式更灵活。

（4）手续费和保费

我们所缴保费的总额不能全部进入个人账户，因为还要扣除代理人佣金、保险公司运营成本等费用。因此，手续费用越少，以后的相关收益越高。

由于万能险是复利计息，所以适合中长期理财。如果一个家庭既想获得保障，又有中长期的财务目标，如储蓄教育金、养老金等，那么万能险就是很好的选择。另外，因万能险前期扣费较多，短期退保反而可能造成损失，所以万能险不适合追求短期高回报的人。

分红险的三个陷阱

分红险是保险公司在每个会计年度结束后，将上一个会计年度的该类分红险的可分配盈利按一定比例分配给客户的一种保险。近年来，很多人因为被部分保险销售员夸大宣传的高收益吸引而盲目购买了分红险，但实际购买的保单并不适合自己，造成了金钱的损失。下面介绍分红险的三个陷阱，帮你正确解读分红险。

（1）分红险绝不赔钱

部分保险销售员会对客户说分红险是保本产品，能保证永远不赔钱。这话有一定的道理，因为分红险有预期年化利率的保证，而且它的下限不会为负值，所以分红险的确可以称为100%保本的产品。

但是，分红险的保本有一个前提，那就是持有保单达到一定的年限。如果提前解约，例如，在保单生效后3年或5年内就退保，那就很可能亏本。因为我们购买一份保险除了缴纳保险本身的费用以外，还需要缴纳很多手续费，如果我们在前几年就解约，保单价值可能会小于所缴保费，退保时不能拿回缴纳的所有费用，造成本金的损失。

（2）分红保单一定能对抗通货膨胀

部分保险销售员会对客户说分红险每年都有分红，并且含有一定的预期年化利率，所以分红险可以对抗通货膨胀。事实并非如此，不是所有分红险都能对抗通货膨胀。如果我们不了解分红险的分红机制，仅听信保险销售员的一面之词，就可能无法用分红险获得想象中的收益。

（3）夸大分红保单的投资回报率

部分保险销售员会对客户夸大分红险的投资回报率。例如，保单的预期年化利率为2.5%，如果加上中等水平分红利率3%~4%，预期的投资回报率就能达到6%左右，回报非常可观。然而，简单地把预期年化利率与预期分红年化利率相加作为分红保单的投资回报率，这是错误的。

我们必须明白，分红险的预期年化利率是固定的，但每年的分红利率是浮动且没有保障的。根据保监会颁布的《分红保险精算规定》："保险公司为各分红保险账户确定每一年度的可分配盈余时应当遵循普遍接受的精算原理，并符合可支撑性、可持续性原则，其中分配给保单持有人的比例不低于可分配盈余的70%。"由此可见，因分红险的分红分配的是可分配盈余，所以是不保证给付的，每年的分红利率可能很高，也可能为0，甚至是负数。因此，预期年化利率与预期分红年化利率相加作为分红保单的投资回报率绝对是部分保险销售员的"障眼法"行为。

7.3 保险理财策略

保险理财有一些策略可以帮助我们实现快速理赔，避免因意外状况遭遇保单断缴、无法理赔的情况。

快速、高效理赔的技巧

理赔是买保险的重要一环,与我们的实际利益息息相关。如何在事故发生后实现快速理赔呢?下面梳理三大险种的理赔流程。

(1)意外险

①事发后及时报案:如果出现意外情况,我们一定要在第一时间向保险公司报案(告知保险公司出险人姓名、保单号、险种、事故时间、地点、原因等内容),并咨询具体的理赔流程。

②等待保险公司联系:一般报案当天或1~3个工作日,保险公司会联系报案人,协助进行理赔。

③收集理赔资料并提交:我们需要按照保险公司的要求提供相关资料(病例、诊断证明、用药明细、医疗费用发票、意外事故证明、银行卡复印件、身份证等),协助理赔。

④理赔款到账:不同保险公司的理赔款到账时间会有不同,我们需要与保险公司保持沟通,盯紧进度。

(2)重疾险

①医院确诊后及时报案:如果我们在医院就诊时被确诊为重大疾病,应马上核对保单,查看该疾病是否属于保单覆盖的疾病,并及时向保险公司报案。

②等待保险公司联系。

③收集理赔资料并提交:重疾险需要提供的理赔资料包括诊断证明书、门诊病历、出院小结、住院小结、检查报告、理赔申请书、保险合同、身份证等。

重疾险属于定额赔付型，可以多家投保同时理赔。但是，有些资料只有一份，如果我们投保了多家公司，该怎么理赔呢？我们可以备份多份理赔资料，如果必须要原件，就可以在一家公司理赔后要求保险公司将资料寄回，具体也可以和保险公司协商。

④理赔款到账。

（3）定期寿险

①事发后及时报案：如果被保人身故，我们在确定责任范围后应及时向保险公司报案。

②等待保险公司联系。

③收集理赔资料并提交：我们需要向保险公司提供被保人的死亡证明书、户口本、理赔申请书、保险合同、受益人身份证明等。如果有多个受益人，还要提供多人的身份证明和分配协议。

④理赔款到账。

保单利益如何无缝对接

续保是我们购买保险的又一个重要问题。如果保险到期不能及时续费，可能导致保障中断，让我们无法得到赔付。那么，如何续保才能保证保单利益无缝对接呢？

（1）长期险

长期险主要指重疾险和寿险，保障期在1年以上，续保流程比较简单。我们在购买这两个险种时只需绑定银行卡，保证银行卡上有足够的余额，到了次年的缴费期，保险公司就能自动扣款，完成续保。

另外，重疾险和寿险还有 60 天的宽限期，只要在这 60 天里及时续上保费，保单依旧有效。但是，如果超过了宽限期续费，就只能退保或申请复效。申请复效不是补齐保费那么简单，申请复效后还会有新的等待期，而且会重新按年龄计算保费。

（2）短期险

短期险主要指医疗险和意外险，保障期限仅 1 年，还有可能出现产品下架等问题，续保流程相对复杂。例如，暖宝保百万医疗险和小蜜蜂意外险因为赔付率过高，保险公司就曾做过一次下架调整。

①医疗险

医疗险分两种。第一种是保证续保版，它比较稳定，虽然也有可能临时调整，但在保障期限内不会受产品下架的影响。只要绑定的银行卡里有足够的钱，保险公司就会自动续费。第二种是不保证续保版，这种保险如果次年没有下架，在符合健康告知的前提下可以直接投保，不会重新计算等待期。如果次年下架，我们可以在第一次收到续保通知时及时购买新的医疗险，这样新医疗险过了等待期，旧医疗险刚好到期，保障就能无缝衔接了。

②意外险

意外险没有等待期和健康告知，产品种类多，价格便宜，非常好买。我们只要在收到续保通知时明确到期日，选择一款性价比高的意外险即可。

第四篇

第三象限：生钱的钱

第 8 章

30% 的钱赚取高额回报

根据四象限理财法则,第三象限放的是生钱的钱,它占全部资产的 30% 左右。所谓生钱的钱是指没有其他用途,可以留着投资有风险的项目以赚取高收益的钱。这部分钱必须是闲置的,即使亏损也不会对我们的生活造成太大的影响。只有这样,我们才能拿这笔钱放心大胆地去投资,不会因患得患失而丧失理智。

8.1 为什么你不敢投资

很多人积累财富的办法就是存钱，一提到投资就立马拒绝，认为普通人投资只能亏损。为什么我们不敢投资？是哪些不良情绪阻碍了我们迈出投资的第一步呢？

害怕亏钱，恐惧止损

在投资过程中，失败与成功都是家常便饭。但事实上，失败的人是大多数，而成功的人却是少数。因此，及时止损就成为投资的一个必备技能。

很多人因为害怕亏钱，所以不敢止损，总想等着出现奇迹，结果越投越多，越亏越多。究其原因，害怕亏钱是因为对自己的交易策略失去了信心，恐惧止损是因为不能接受自己赔钱退出的事实，总幻想着还能起死回生。

那么，我们如何才能不害怕亏损呢？

我们在投资前应该做好管理恐惧情绪的准备。对此，我们要采取以下措施提高自己的风险承受能力：

第一，用 3~5 年不用的闲钱投资；

第二，不要重仓一两个投资品种；

第三，控制仓位，使风险控制在自己可以接受的范围内。

另外，很多人在投资时，即使亏损已经发生也缺乏及时止损的勇气。如果理财产品已经没有多少投资价值，但投资者又一定要等到回本才止损，那么也很容易形成恐惧情绪。因为他们害怕把预期亏损变成实际亏损。

其实，我们在判断理财产品是否具备继续持有的价值时，应该以能够理解的投资逻辑为基础。如果投资逻辑没有错，那就应该坚持；如果投资逻辑是错误的，那就应该及时止损，以免遭受更大的损失。

止损的理念其实就是鳄鱼法则。鳄鱼法则是指假定一只鳄鱼咬住你的脚，如果你试图用手去挣脱你的脚，那么鳄鱼会同时咬住你的手和脚。你越挣扎，被咬住的地方就越多。所以，此时你唯一的机会就是牺牲一只脚。

放在投资市场里，就是当你发现自己的交易背离了市场方向时必须立即止损，而不应有任何延误，也不应存有任何侥幸心理。股市中的无数事实表明，一次意外的投资错误足以致命，但止损能帮助投资者化险为夷。

因此，我们在投资前需要给自己预设一个止损关键点，它代表了我们能接受的最大亏损。之后在投资过程中，我们必须严格坚持这个止损关键点，及时退出，减少损失。

完全拒绝波动风险

大部分人投资股票、基金都是为了赚钱，但是只要市场一波动，就会有人亏钱。这时很多人就开始怀疑自己：这只基金能有10%的收益吗？我能赚到钱吗？我会不会血本无归？这些疑虑的种子一旦种下，就会在我们心中疯狂生长，驱使我们做出背离初衷的决策。

例如，我们想要从 A 点到 B 点，直线是最明确且最理想的路线。但实际上道路不可能是一条直线，虽然最终都能走到 B 点，但多拐一个弯，我们就会多一分犹豫，我们会想："能走得到吗？还是回去吧。"

大多数人因为对市场波动的认识不够，产生了过于理想化的收益预期，所以在面对波动时很难保持理智，导致频繁交易，试图抓住每一次上涨的机会，避免每一次下跌，结果不但没有实现预期目标，反而在过程中损失了本金。

那么，我们应该怎么办呢？

我们在投资市场上的行为可以分为以下四个类别：

第一，喜欢研究市场，关心市场的涨跌信息，希望抓住市场每一次上涨的机会；

第二，喜欢研究公司，挑选行业内有价值的上市公司或基金公司，与它们共同成长；

第三，喜欢研究自己，赚适合自己的钱，在能力范围内获取最大的利益；

第四，喜欢跟风，别人投什么，我投什么。

本杰明·格雷厄姆在《聪明的投资者》中用"市场先生"的概念来比喻市场每天的波动。他将市场拟人成一位情绪化的先生，这位先生每天会向你提出不同的报价，而这一切只根据他心情的好坏，有时报价很高，有时低得离谱。但是，你可以自行选择买或卖，他只是报价，然后等你回答。

对于是选择被"市场先生"牵着鼻子走，还是坚持自己的判断，巴菲特给出了答案。他认为如果你不能比"市场先生"更了解每家公司的运作情况，那么最好不要参加这场游戏。

然而，很多人把公司研究透了，还是照样亏钱。其根本原因是他们不了解自己，没有明确自己的风险承受能力，设置了过高的投资预期。所以，对于大多数普通投资者来说，在波动面前保持理智的方法是正确认识自己，知行合一。

面对市场的波动，我们应该坚持自己的判断，避免频繁操作，不要强求自己每次都在最高点卖出、在最低点买入，因为这是任何一个投资高手都无法做到的。

市场本身就有波动的性质，自己能承受多大波动就做多大的投资预期。只有做到统一风险承受能力和投资行为，才能顺利地从 A 点走到 B 点，赚到适合自己的钱。

患得患失，恐惧错失市场机会

在投资过程中，我们很容易受到情绪的影响。面对无数的市场机会，我们会变得患得患失，恐惧失去任何一个机会。然而，选择的机会越多，我们失误的次数也越多。投资者的必备技能之一就是等待，足够耐心地等待才能增加交易成功的可能性。

我们之所以会产生错失恐惧症，主要有以下几个原因：

（1）对交易缺乏耐心：不想等到预先设定的价位再入场，只想马上交易，因而错失了最佳的入场时机；

（2）没有长期规划：不懂得任何投资者都不可能抓住每一次机会，经常因为一时冲动而进行操作；

（3）期望过高：总幻想一个月就把资金翻倍，对自己的交易能力盲目自信，导致投资风险过高；

（4）没有规则：没有系统的规划，跟着所谓的市场风向盲目操作，不知道自己在做什么；

（5）缺乏信心：在多次投资失败后失去信心，不再收集信息，而是开始随机进入市场交易；

（6）过度自信：在多次投资获利后信心大增，开始随机进行交易或大仓位交易，对自己的"感觉"绝对自信。

我们经常听到这些话："我就知道""只此一次""这次不会了""我应该还能赚更多"。如果这也是你的口头禅，那么你很可能也是不理智的投资者。我们要永远记住市场资金的容量是无限的，而个人资金是有限的。所以，我们要对每一笔交易负责，重视每一笔投入的资金。

8.2 六大投资误区

随着互联网的发展，人们能获取的信息越来越多。由于筛选信息的能力有限，我们经常会被错误信息误导，形成投资误区，进而做出错误的投资决策，导致投资屡屡亏损。

误区一：贵金属是最好的投资对象

贵金属投资是依据贵金属产品的价格变化，采取相应的操作赚取差价的一种盈利方式。作为稀缺资源，贵金属具有极强的稳定性。因此，贵金属投资具有很多优势。

（1）贵金属对冲风险

贵金属是一种安全的避险资产，例如，黄金、白银等贵金属就是平衡投资风险的重要产品。虽然贵金属也有价格波动，但只要它们能被合理利用，就能对抗通货膨胀和其他不确定的经济风险。

例如，在市场经济环境不确定的情况下，黄金的价值受到的影响并不大。当面临通货膨胀时，无论供大于求还是供不应求，无论物价升高还是降低，无论货币升值还是贬值，黄金的价值波动范围不会太大。

而且，黄金市场也不容易被恶意操控，因为它属于全球性投资市场，当前还没有哪一个财团能有如此高的经济实力对它进行操控。因此，黄金市场是一个透明的交易市场，投资者在投资时有极大的保障。

（2）贵金属使投资组合多元化

多元化投资是投资者降低投资风险的一种手段。贵金属作为多元化投资组合中的重要一环，可以在市场不稳定时产生收益，对抗不确定的经济风险。

因为贵金属是一种价值存储，具有很好的保值效果，可以防止本国货币的疲软。例如，小吴在某个国家用黄金兑换了一些货币，但他突然要去另一个国家办事，来不及将现有货币进行兑换。小吴所到的国家无法使用上一个国家的货币，也不支持货币兑换，所以他可以使用黄金进行兑换。黄金是根据国际金价进行价值鉴别的，不会存在亏损的问题。

很多人因为上述优点便认为贵金属是最好的投资对象。然而，这样的看法就有些极端了，因为贵金属投资也存在一些缺点。

第一，贵金属投资的交易成本较高，需要投资者有充足的流动资金。

第二，贵金属交易不连贯，在市场行情发生较大变化时可能出现爆仓的情况，导致无法止损。

任何投资都不是万无一失的，我们在投资贵金属时一定要保持理智，并勤于学习交易规则和技巧，这样才能早日实现增加财富的梦想。

误区二：专业人士理财一定比我做得好

盲目信任专业人士是我们投资的又一大误区。专业人士拥有丰富的知识储备，并有更多的信息获取渠道和分析工具。相对而言，他们做得好的概率比普通人高一些。但市场是充满变化的，它不会朝着某一个人的期望发展，这些专业人士也无法完全掌控市场。

例如，某银行曾经推出一款期货原油类产品，不少专业人士向投资者推荐了这款产品。面向的投资者是不具备专业投资知识和能力的普通人，但是银行在设计该产品时未考虑到"负油价"这样的极端情况，最终因期货原油价格波动，导致大量的客户因为未平仓，最终遭受了巨大的亏损。

因此，虽然专业人士有一定的可信度，但其建议只能作为一份有价值的参考。在大多数情况下，投资者需要自己判断，选择相信自己，不被他人打乱阵脚。只有投资者才最清楚自己需要的是什么，能承受多高的风险。我们在投资时，有时恪守一些简单的投资规则比钻研高超的战术更有效。

误区三：股市"劳模"的回报最高

很多人认为自己投资不赚钱或赚钱较少的原因是没有花时间钻研产品或市场。事实上，这些人投资回报率低的原因不是自己不够努力，而是努力的方法或方向本身有问题。如果投资的方向出了问题，那么无论我们多么勤奋地研究市场趋势，也只会在歧路上越走越远。

另外，无效的钻研越多，会导致我们心情越焦虑，进而驱使我们做出很多无效决策。而在投资过程中，频繁的交易行为是大忌。例如，购买股票是有一定交易费的，如果我们耐不住性子，每个交易日都交易一次，一年就要支付大量的交易费。

因此，只有在投资过程中与市场保持一定的距离，我们才能避免急躁焦虑、孤注一掷等错误的行为，才能在变化中抓住真正的市场机会，不会做无用功。

误区四：热衷买受人追捧的股票

每个人都有过凑热闹的经历。例如，走在街上，如果看到哪家商店门口聚集着一堆人，很多人都会按捺不住好奇心过去看一看。股市也不例外，很多人都热衷于跟风买热门的股票，想顺势发一笔财，但结果往往是没有帮自己添财，反而损失了不少钱。

小吴是一家汽车公司的老板，他把自己的 600 万元资产委托给了投资顾问处理。为了分散风险，投资顾问帮小吴持有了 15 只股票。小吴发现投资顾问购买的这 15 只股票并不都是赚钱的热门股票，于是开始自己研究股票市场，一听到什么热门股票，就马上打电话给投资顾问，问他为什么没有帮自己买这些股票。

后来，小吴取消了和投资顾问的合作，开始自己做投资。为了获得更多的收益，他就只集中买三四只股票，而且只买交易量巨大的热门股票，这导致小吴的投资结构风险大增。起初，小吴确实赚了一些钱。但后来因一只热门股突然下跌，小吴没有及时退出，遭受了巨大的损失。

一只股票值多少钱与它本身的价值是相关的，即使现在某只股票的价格很高，但它的价格最终会回到它应有的价值上，唯一的区别就是时间的长短。然而，这个时间没有人能准确预测。

就像房子需要地基一样，没有业绩的热门股票无法保证持续上涨。例如，当大盘整体上涨时，不管是绩优股还是垃圾股都会跟着上涨，但这个影响终究会被修正。如果我们盲目跟风购买热门股票，很可能买到昙花一现的垃圾股。

一般来说，市场不稳定时是检验一只股票的最好时机。绩优股在市场下跌时变化不大，在市场回暖时会很快上涨。而没有业绩支撑的垃圾股在市场下跌时会大幅下跌，在市场回暖时上涨很慢。很多普通投资者都是跟风在股票上涨时买入，因无法正确判断卖出时机，所以许多人都只能在下跌时卖出，赔钱出场。

每位投资者都应该克制自己的从众冲动，投资靠的从来不是鲁莽和跟风，而是数据和理智。跟风投资除了能多给证券公司交一笔佣金以外，对我们自己没有任何好处。

误区五：买的股票亏了钱，只要不卖就没有损失

很多人认为股票下跌只是一时的，只要自己不卖，待股票涨回来就没有损失。然而，这是一种错误的认知，很多抱着这种想法的人都是在自欺欺人。

我们经常会听到这种话："都跌到几元了，不打算抛，不会再跌了。"这是一种偏激的投资方式，揭示了投资者的狂热心态。一般在经历过大牛市的顶峰后，投资者会出现"赌徒"心态，认为只要自己再等等就会迎来新的一轮牛市。结果很多投资者在这种心态的驱使下被股市套牢多年，一直不能解套。

一家公司的好坏不仅要看其当下的表现，还要注意其将来是否能持续成长，仅靠其目前的行业地位是很难对其前景和潜力进行判断的。投资者不仅要对自己手中的股票有信心，还要关心公司的发展方向和战略纲要。

有些股票在下跌后的几天或几周内就能重回新高，而有些股

票则可能面临退市的风险。一旦股票涉及退市的风险，投资者到时只能欲哭无泪。

股票卖不卖，除了要看股票本身以外，投资者还要看市场的整体行情。如果股价只是因为整体市场的回调而下跌，那么投资者可以继续持有自己手中的股票，等待加仓的机会。但是，如果公司出现了利空的情况，那么投资者就应该及时卖出股票，止损离场。

误区六：1元/股的股票很便宜

有很多人喜欢买价格便宜的股票，因为花很少的钱就能买很大的数量，而且只要这些股票升值就能获得成倍的利润。

事实上，1元/股的股票未必比100元/股的股票优质。我们选择一只股票要看它的公司发行了多少股、股票的盈利能力、成长能力等信息，而不是只参考价格。

例如，伯克希尔·哈撒韦的股票曾卖到24万美元/股，依然有很多人购买，就是因为这只股票能帮投资者赚更多的钱。

在股票市场，1元/股的股票跌倒0.1元/股的情况有很多。因此，盲目追求低价股票并幻想它能突然暴涨是不切实际的。

第 9 章

股票：风险与机遇并存

股票是上市公司发行的一种有价证券，是上市公司向出资人发行的股份凭证，代表着其对公司的所有权。购买股票相当于购买一部分公司股份，认可该公司未来的发展。股票具有可观的预期收益，是家庭资产配置中用于获取高额收益的常见产品。但是，投资股票存在的风险也很大，如果投资者盲目投资股票，很可能遭受严重损失。

9.1 股票交易的基本流程

我们投资股票的第一步就是了解股票交易的基本流程。股票交易的流程分为四步，即开户、看盘、买入、卖出。

开户：线上与线下

投资者在购买股票时，要先到证券公司营业厅或网上开户，这样才有资格委托经纪人买卖股票。开户时要同时开设证券账户和资金账户。例如，小吴买入证券，小红卖出证券，成交后证券从小红的证券账户转入小吴的证券账户，资金则在扣除交易费后从小吴的资金账户转入小红的资金账户。

（1）证券账户

证券账户是证券登记机关为投资者设立的，用于登记投资者持有的证券名称、数量、权益变动情况等信息。

证券账户分为个人账户和法人账户。个人账户开户需提供个人有效证件，法人账户开户需提供有效法人证明文件及复印件、法人证明书及身份证、法人委托书及代办人身份证。另外，一般的证券账户只能进行 A 股、基金等交易；B 股交易和债券回购需另行开户并办理相关手续。

(2）资金账户

资金账户是投资者在证券商处设立的资金专用账户，用于存放投资者买入或卖出证券的资金，记录交易资金的币种、余额等信息。投资者可以随时从资金账户中取款，还可以获得活期存款的利息。

由于网络的普及，很多业务都能在线办理。股票市场也不例外，以前投资者必须去证券公司营业厅才能开户，如果离得远，可能会耽误一天的时间，但现在投资者通过网络在家就可以实现开户。线上开户和线下开户的区别如下。

第一，线下开户是一种传统的开户方式。由于以前网络不发达，很多地方没有实现网络覆盖，无法保障信息安全，因此投资者需要到证券公司营业厅开户。这种方式一直到现在也没有被淘汰，因为一些投资者觉得线上开户存在信息泄露的风险，所以还是更信任线下开户。

第二，线上开户是互联网普及后兴起的一种开户方式，市场的推广程度很高。随着网络技术的发展，信息安全更有保障，很多证券公司加大了推行线上开户的力度，投资者足不出户就可以办理业务，节省了很多时间。

看盘：获取股票的价格、走势

看盘又称盯盘，是股票投资者的日常工作之一。股票市场无时无刻不在变化，投资者要想把握最佳时机并从中获利，就必须学会掌握股票市场的动向，观察股市行情的变化，学会看盘。那么，作为新手投资者，看盘都要看哪些内容呢？

（1）看涨跌幅榜

涨跌幅榜是投资者观察股市的风向标之一。涨跌幅是指上涨与下跌的幅度，计算公式如下。

$$涨跌幅 = \frac{当日收盘价 - 上日收盘价}{上日收盘价}$$

结果为正，表示上涨；结果为负，表示下跌。

关于涨跌幅榜，投资者要注意以下三个问题。

第一，仔细分析涨幅榜或跌幅榜排名前 10 的个股，了解哪些个股正强劲，哪些个股已经是强弩之末。投资者要想看清大盘的整体趋势，就要仔细分析各部分的状态，只有这样才能对大盘整体的状态有充分的了解。

第二，分析在涨幅榜前 10 名的个股存在哪些板块、行业上的联系，明确资金正在流进哪些行业和板块；分析在跌幅榜后 10 名的个股，看哪些板块、行业的资金正在流出，了解主力做空的板块。

第三，分析日 K 线图。很多投资者用单向思维投资股票，股指稍有上涨，就认为出现了突破性行情；股指刚有下跌，就认为是熊市又回来了。所以，这些人在投资时总是手忙脚乱，抓不住好机会。

总之，投资者要学会透过涨跌的表象看清股市变化的本质。

（2）看自选股

投资者要看自选股是不是在按照自己的预期发展，以此检验自己的选股方法。如果有所出入，还要总结出错的原因并找出解决办法。另外，投资者要有投资计划，包括买入点、买多少、价格、止损位等。

（3）看大盘走势

大盘走势主要看成交量等情况，例如，与昨日相比的变化、量价关系是否正常等；还要看日K线的整体趋势，判断当前大盘处于哪一级趋势的哪个阶段。除此之外，投资者还要了解流通市值排名前10的个股情况，分析其对大盘的影响，找出影响大盘最深的板块。

掌握这些看盘技巧后，投资者对盘面的感觉会有一定的提升。当熟悉这些操作后，投资者可以加快看盘的进度，不必每次都看全部的个股，只看权重股、自选股等就可以了。虽然看盘辛苦，但投资者只要勤加学习就能越来越熟练。

买入：时机最重要

投资者在股市的收益方式是低买高卖，因此我们要学会找到合适的时机进入股市。这种预判能力是我们获得收益的保证。

股票买入有以下五个基本原则。

（1）趋势原则

在买入股票前，我们应对大盘整体的运行趋势有明确的判断。一般来说，大多数股票都跟随大盘趋势运行，我们在大盘整体处于上升趋势时购买股票更容易获利，在大盘整体处于下跌趋势时购买股票更容易遭受损失。另外，我们还要根据自己的资金实力制定投资策略,判断自己是要进行中长线投资还是短线投资,以此控制自己的操作行为,做到科学决策。

(2)分批/分散原则

在没有确定把握的情况下,我们可以采取分批买入或分散买入的方法来降低买入风险。如果选择分散买入,我们也不要买入太多只股票,一般在5只以内为最佳;如果选择分批买入,我们应根据自己的投资策略和资金情况来实施。

(3)底部原则

如果我们打算进行中长线投资,那么买入的最佳时机应该是股价跌到底部或股价刚突破底部后上涨的初期,这是风险最低的时候。如果我们想进行短线投资,虽然天天都有机会,但也要尽量考虑短期趋势的变化,并且最好快进快出,不要一次性投入大量资金。

(4)风险原则

股票投资是一种高风险、高收益的投资方式。谁也不能在股市中回避风险,我们作为投资者,应该具有较高的风险意识,尽力将风险降至可控范围,而选择买入股票的时机是控制风险的第一步,也是最重要的一步。在买入股票时,我们不仅要考虑大盘整体的涨跌趋势,还要分析准备买入的股票的上升和下跌空间、买入的理由、买入后不涨反跌怎么办等。明确了这些问题,我们可以对所买的股票有清楚的认知,进而做出科学的决策。

(5)强势原则

"强者恒强,弱者恒弱"是股票市场中的重要规律。按照这个规律，我们应该多投入强势的市场，而少投入弱势的市场。例如，在同价位的股票中，我们应选择强势股或领涨股，而不是弱势股。

那么，我们如何才能正确选择买入时机呢？

第一，当股价跌至支撑线（平均通道线、切线等）时突然止跌，又有了上升的趋势，证明这时股价得到了有效的支撑，可以考虑买入。

第二，股价稳定，成交量萎缩，可以考虑买入。

第三，低价区出现十字星，表示股价已止跌回稳，可以试探性买入。

卖出：股票卖出的五个信号

股票投资者要想获得较高的收益，把握好股票卖出的信号非常关键。没有一只股票可以永远上涨，所以即使我们买到了绩优股，但如果没有把握好卖出的时机，也一样赚不到钱，甚至亏损卖出。一般来讲，我们需要注意以下五个卖出股票的信号：

（1）K线高位出现十字星；

（2）MACD出现死叉；

（3）高位出现巨大成交量；

（4）股价跌破5日均线；

（5）股票高位出现大阴线。

在投资市场中，股市的风险最大，有些人可能一夜暴富，也有些人可能倾家荡产。如何选择卖出时机，考验的是投资者的实力,更是投资者的心态。因此,我们在卖出股票的过程中要遵守以下三个原则。

(1)最好在上涨的途中卖出

在上涨途中卖出,投资者可以占据主动权;如果在下跌途中卖出,投资者就会面临被动撤出的情况,可能会遭受损失。

(2)卖股票要果断

一旦投资者决定卖出股票,就不要犹豫,不要在意盘中高低,只要有收益,卖出就是正确的。

(3)关注利好的卖点

利好的卖点是股市中比较容易把握的卖点。一般股票在公布利好消息之前,股价会出现连续性的升高,这时庄家会借利好出货,吸引散户买入,等到庄家筹码全部抛完时股价就会开始出现大跌。因此,在利好消息公布之后,如果没有封涨停,投资者最好坚决卖出。

9.2 快速看懂 K 线图的技巧

K 线图又称蜡烛图,其包含四个数据,即开盘价、收盘价、最高价、最低价。面对形形色色的 K 线组合,许多投资者都有些摸不着头脑,有时甚至理解成了相反的结果,这是因为投资者没有学会正确使用 K 线图。只有正确使用 K 线图,投资者才能实现科学投资股票。

K 线图的构成要素

K 线图起源于日本德川幕府时代的米市交易,当时被商人用于记录米市行情和米价波动,其形成主要取决于四个数据:开盘价、收盘价、最高价、最低价。

其中,开盘价是指每天集体投标的交易价格,我们可以将其简单地理解为第一个交易价格;对于收盘价,我们可以简单地将其理解为最后成交价;最高价是指当天的最高交易价格;最低价是指当天的最低交易价格。

当开盘价低于收盘价时,K 线为阳线;当开盘价高于收盘价时,K 线为阴线;当开盘价等于收盘价时,K 线称为十字星。当 K 线为阳线时,最高价与收盘价之间的细线称为上影线,最低价与开盘价之间的细线称为下影线,开盘价与收盘价之间的柱状称为实体,如图 9-1 所示。

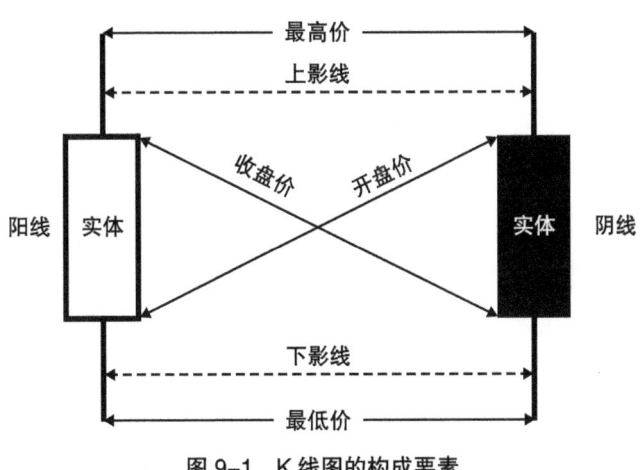

图 9-1 K 线图的构成要素

K线具有多种形态，具体说明如下。

（1）带上下影线的阳线

带上下影线的阳线如图9-2所示，这是最普通的一种K线。带上下影线的阳线是指开盘价比最低价高，收盘价比最高价低，但比开盘价高。其中开盘价与收盘价之间的长方形为实体，实体上端为上影线，实体下端为下影线。

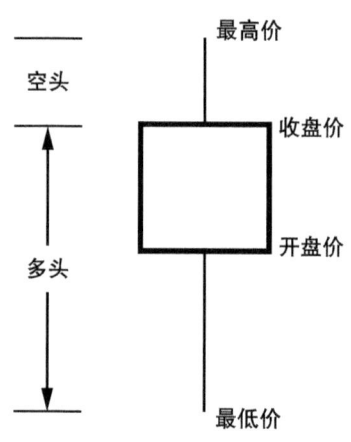

图9-2 带上下影线的阳线

由于存在上下影线，表示在当天买卖过程中，多空双方对当前的股价分歧较大，双方都曾占据优势，把股价推到了最高价或最低价。然而，最终被对方拉了回去，直到收市时多头方才勉强保住优势。

（2）带上下影线的阴线

带上下影线的阴线如图9-3所示，这种形态表示收盘价低于开盘价，最高价比开盘价高，收盘价高于最低价。

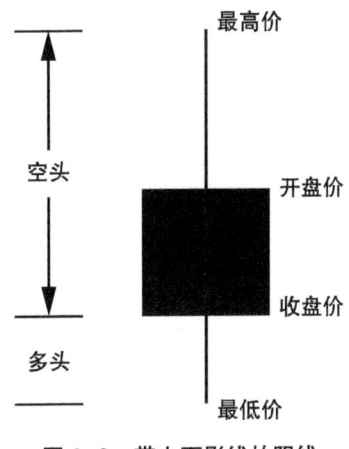

图 9-3 带上下影线的阴线

出现这种形态的 K 线可能是开市之后，多头方一度出击试图推高股价，但是敌不过空头方，无奈转主动为被动。虽然收市时多头方在低价处，但仍有一定的力量，可惜力量微小，使收盘价低于开盘价。

（3）只带上影线的阳线

只带上影线的阳线也叫光脚阳线，如图 9-4 所示。其表示开盘价格即当天的最低价，说明多头方占据优势。开盘后股价一路上涨，后遇到上方阻力而回落，最终以低于当天最高价的价格收盘，所以留下了上影线。

如果这种形态的阳线出现在股价上涨时期，证明多头方仍占据优势，但后市有可能会下跌。特别是出现在上涨的末期时，有可能是股价反转的信号。此时要留意上影线的长短，上影线越长，后市反转的可能性就越大。

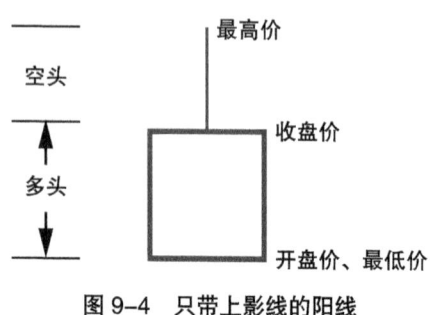

图 9-4　只带上影线的阳线

如果这种形态的阳线出现在股价下跌时期,那么有可能是行情反转的信号。投资者应关注股价的后期走势,如果第二天股价能继续出现阳线,则可以考虑买进。

(4) 只带下影线的阳线

只带下影线的阳线也叫光头阳线,如图 9-5 所示。其表示收盘价格为当天的最高价,说明多头方占据优势。开盘后股价先有一段走低的过程,后又被拉回,最终以最高价收盘。

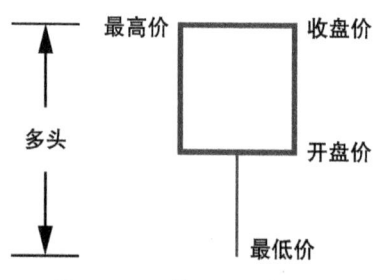

图 9-5　只带下影线的阳线

如果这种形态的阳线出现在低价区,并且股价在探底过程中成交量呈现萎缩趋势,后随着股价上涨,成交量增多,并最后以阳线报收，则预示着后市将上涨。

如果这种形态的阳线出现在高价区，则有可能是庄家在故意拉升股价，吸引散户跟投。这时投资者就要小心了，因为当庄家出售完全部筹码后，股价就会大跌。

（5）只带上影线的阴线

只带上影线的阴线如图9-6所示，一般出现在股价顶部和下跌途中，表示收盘价格为当天的最低价，说明当天开盘后强劲反弹，后在盘中受到打压，股价急速下跌，在大量抛售下跌停。出现这种形态的阴线，说明卖盘的力量很强，股价第二天很可能顺势下跌。这时投资者应及时卖出股票，以防被套。

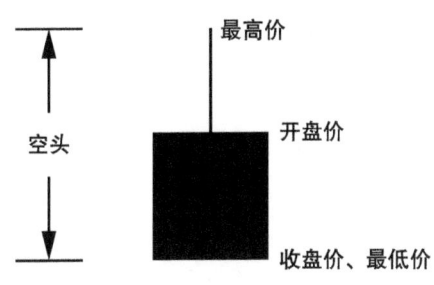

图9-6　只带上影线的阴线

（6）只带下影线的阴线

只带下影线的阴线如图9-7所示，一般出现在股价下跌末期，表示开盘价格为当天的最高价，收盘价有所下跌但高于最低价。出现这种形态的阴线说明当天开盘后股价受到卖盘的影响急速下跌，盘中受到强支撑，下跌放缓。投资者遇到这种K线也不能盲目抄底，可以等它出现阳线、下跌趋势改变后再买入。

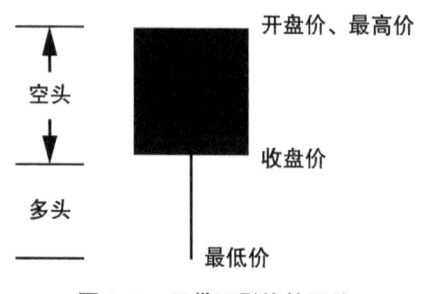

图 9-7　只带下影线的阴线

不同组合的 K 线表达着不同的信息，即使是一个独立的 K 线，所处阶段、时机、程度不同，也代表着不同的信息。在实际交易过程中，K 线对于把握市场机会常起到关键性作用。因此，投资者要掌握这方面的专业知识。

看 K 线的阴阳及其数量

K 线的阴阳表示行情趋势的上涨和下跌，阳线表示股价将继续上涨，阴线表示股价将继续下跌。此外，阴阳还表示多空双方的力量对比，阳线代表多头方力量较强，阴线代表空头方力量较强。

以阴线为例，在一段时间的多空博弈后，收盘时的价格低于开盘价，则证明空头方占据上风，在没有外力的作用下，价格很可能按原来的方向运行，在一段时间内维持下行。

因此，阴线预示着后市价格会继续下跌。这一点符合技术分析中价格呈趋势性波动的理念，一般在某个阶段性的反弹中，如果持续出现大量的阳线，则预示着价格反弹将惯性持续。此时，投资者依据价格呈趋势性波动的理念，可以尝试投入部分资金。

看K线实体大小及上下影线长短

各种各样的K线构成了一个复杂的股票市场，K线的不同组合、不同分析周期，反映了不同的市场行为，在一定程度上暗示着未来行情的发展趋势。

在开盘价与收盘价之间的长方形就是实体，实体代表行情发展的内在动力。实体越大，上涨与下跌的趋势就越明显；反之，则不明显。例如，阴线实体越大，说明空头方的动力强劲，下跌动力大；同理，阳线实体越大，说明多头方动力强劲，上涨动力足。

影线是开盘价与收盘价和最高价与最低价之间的细线，是股价可能反转的信号。向某个方向的影线越长，证明价格越有可能向反方向变动，即上影线越长，价格越有可能下行；下影线越长，价格越有可能上行。以上影线为例，在一段时间的多空博弈之后，多头方败下阵来，不论K线是阴还是阳，此时长上影线成为下一阶段的上档阻力，可能导致价格向下运行。

配合成交量看K线及其组合

成交量表示多空双方博弈消耗力量的大小和激烈程度，K线则是博弈的结果。如果投资者只分析K线组合，而不看成交量，是不能对后期市场的走势做出正确判断的。要想了解每条K线的内在动力，投资者必须结合成交量来分析。

例如，当出现长下影线时，代表多头方支撑力强。如果这种K线出现在股价下跌末期并配合大成交量，则证明股价可能会反弹。但是，如果这种K线出现在股价上涨末期并配合大成交量，则证明庄家可能在出货，投资者应选择时机卖出。当出现长上影线时，代表卖压非常大。如果这种K线出现在股价上涨末期并配合大的成交量，还证明了股价一时难以突破，可能会回跌。

在实际的操作过程中，仅依靠K线还无法对市场趋势做出准确的判断，投资者需要掌握互相验证原则，对趋势、形态、成交量等因素进行综合分析，之后才能做出较可靠的判断。

9.3 股票理财的风险提示

"股市有风险，入市需谨慎"是很多投资者都听过的一句话。股票投资固然收益高，但操作不当很可能会血本无归。下面介绍几种投资方法与风险管理措施，帮助大家合理规避股票投资风险。

短线操作与长线操作

在股市中，有长线和短线两种操作，这是根据投资者持有股票的时间长短划分的。如果投资者在买入股票后的几个交易日内就卖出，则为短线交易。反之，如果投资者在买入股票后的几个月后才卖出，则为长线交易。这两种交易方法各有利弊，投资者在选择时需要结合自己的心理、资金、技术等多方面因素选择最适合自己的方法。

（1）长线交易

①优点

长线交易比短线交易简单,因为长期趋势更容易把握。只要大方向不变,投资者就可以一直持股,不必在意上涨过程中的细微波动。这种方式可以节约时间成本,也适合新手进行操作。

②劣势

因为长线交易只是在行情启动时买入股票,行情结束时卖出股票,不参与股价的重大回调与反弹,因此获利空间也会变少。此外,一般长线交易的投资者的持股时间会很漫长,甚至长达数年之久,所以会长时间占用大量资金,而这是很多小额投资者无法承受的。

（2）短线交易

①优点

短线交易最大的优点是回报率高,因为短线交易一般都是波段交易。即使当前股价在下跌时出现一个短暂的反弹行情,也能让投资者获利。

②劣势

短线交易比长线交易难以操作,因为投资者很难把握住那些暂时的反弹趋势。例如,如果整个股市的行情是下跌的,此时出现了一个向上的反弹趋势,短线投资者需要进场抓取反弹行情,然后必须在反弹行情结束前卖出股票才能获利。一旦投资者判断失误,没有在股价继续下跌时退出,就可能遭受巨额亏损。另外,当股价波动的幅度比较大、频率比较高时,短线投资者就要进行频繁的交易，这会产生很多交易费用。

在实际交易过程中，短线交易与长线交易本无优劣之分，只要是投资者擅长的就好操作。在风险控制得当的前提下，短线交易积少成多能短时间取得超额收益；在选对股票的前提下，长线交易稳步增长能更稳健地获取收益。

股票被套牢时如何解套

在股票交易过程中，如果我们预测上涨的股票在买入后不涨反跌，出现了亏损的情况，这时我们手中的股票就被套牢了。股票被套牢是很正常的情况，有些股票被套只是一时的，投资者只要等待上涨即可，而有些股票本身的业绩不好，则需要投资者解套退出。

解套是指在股票套牢后用各种方法扭亏为盈，或将损失降到最低。解套是在投资失利后的一种被动补救措施，如果运用失误也可能导致继续亏损。为了避免损失加剧，投资者需要掌握以下几种常用的解套方法。

（1）换股解套法

换股解套是指当投资者认为自己手中股票的获利机会非常小时，可以考虑再购买一种价格差不多但上涨机会较大的股票，然后用更换后的股票获得的利润弥补之前股票被套的亏损。

换股解套是一把双刃剑，如果成功解套，那么更换后的股票带来的收益很可能会高于之前的亏损，不仅可以弥补损失，还可以赚一笔。但如果操作不当，更换后的股票表现依然不好，继续亏损，造成解套失败，那就会扩大经济损失。因此，投资者在进行换股解套时一定要秉持正确的思路。具体而言，投资者可以运用以下方法。

①明确市场的整体趋势和发展方向

投资者在分析股票行情时需要结合市场的整体趋势和发展方向来看，不能盲目地只看某一只股票上涨或下跌。待确认市场趋势后，即使现在持有的股票处于下跌趋势，投资者也不要急于换股，只有当该股票进入股价底部区域时才应该考虑换股策略。

②不宜频繁换股

换股解套的优势在于找准时机，变被动为主动，而不是频繁换股。如果频繁换股，即使投资者能准确把握市场趋势，选到绩优股，也会增加交易费，提高交易成本。因此，投资者在换股解套时应找准时机，一击即中。

③换强不换弱

投资者在换股时，一定要注意分析替换的个股的本质，而不是只关注其表象。有些股票因为庄家介入，短期内可能会有较好的表现，但时间一长还是会变成弱股。因此，投资者在选择更换的股票时，要关注这只股票是否属于热点板块、是否处在低价区、是否抗跌等。投资者只有挑选到真正的强势股，才能获得较大的收益。

（2）捂股解套法

很多人在被套牢后都会直接认定自己已经亏本，这其实是一种错误的想法。投资者只要没有"割肉"清仓，就不能认定自己已经亏本。如果手中的是绩优股，并且市场环境没有进一步恶化，投资者手中的股票就还有上涨的机会。因此，投资者没有必要一时被套牢就恐慌抛出，投资时心态很重要，要有定力、有耐心。

捂股解套法是指投资者在所持股票下跌时继续持股，静观事态发展，等待反亏为盈的机会。这种方法适用于牛市期间或熊市末期，具有不增加资金投入、操作简单、耗费精力较少等优点。当然，这种方法也具有一定的缺点。因为捂股解套需要长时间持股，所以投资者手中会很长一段时间缺少流动资金，无法跟进其他投资机会，甚至可能长期持股也无法解套，最终只能"割肉"清仓。

投资者在使用捂股解套法时应该注意以下四点。

①适用于熊市末期

一般熊市末期的股价基本跌到了底部，投资者盲目将股票抛出只会带来亏损，因此应该持股观望。

②捂优不捂差

有些被套牢的绩优股因为本身业绩优秀，所以在熊市转牛市时很可能成为领跑股，大幅上涨，这种股票才值得等待。

③捂低不捂高

股价必须在底部才有捂的必要，否则如果捂的股票股价较高，在捂的过程中股价可能还会下跌，造成更大的损失。

④分清买入的性质

投资者要确认被套牢的股票是属于投资性买入，还是投机性买入。如果属于投资性买入，投资者自己对该股票的情况有较深的了解，就不必在意股价一时的波动。如果属于投机性买入，投资者自己对该股票的了解不多，就要及时止损卖出，而不是继续捂股。

（3）补仓解套法

股市永远都是牛熊市交替的，所以如果投资者不慎错过最佳买卖时间，正逢牛市转熊市时买入股票，不妨采用补仓平摊成本的方法来解套，降低手中持股的成本，待熊市转牛市时再选择时机一举抛出。

补仓解套最重要的就是找对时机。那么，什么时机不适合使用补仓解套法呢？

①大盘处于下跌过程中绝不补仓

如果大盘整体处于下跌趋势，那么很少有个股能逆市上扬。因此，补仓的最佳时机是熊市末期，不仅投资者有可能抄到底价，而且此时大盘继续下跌的空间较小，上涨潜力巨大。

②大盘处于下跌反弹过程中绝不补仓

在大盘整体都处于下跌状态时，如果偶尔出现反弹现象，那么很可能只是昙花一现，后市还会继续下跌。因此，如果投资者遇到这种情况，就不应该补仓，而是继续观望，静待熊市末期的到来。

③熊市初期绝不补仓

熊市的下跌幅度一般都是无法预测的，随着下跌幅度增大，投资者很可能遇到越补却被套得越深的情况。因此，熊市初期不补仓是所有投资者都应该知道的道理。

那么，如何判断牛市和熊市的转折点呢？对此，投资者可以根据股价下降的幅度判断。如果现股价比买入价低5%左右，那么投资者就不需要补仓，等待中途反弹期间抛出就能解套；如果现股价比买入价低20%以上，那么投资者就可以考虑补仓，因为后市的下跌空间也有限。

投资者在补仓时除了要注意时机以外，还要知道补仓不能分段进行。普通人投资股票的资金都有限，分段补仓会使平摊次数变多，导致资金负担加剧。

网络炒股中这些事情要注意

网络炒股因交易方便、信息量大、有科学的辅助分析系统等特点成为很多投资者的新选择。但是，因很多投资新手缺乏安全防护意识和措施，导致自己面临极大的安全风险。那么，网络炒股有哪些安全隐患呢？

（1）网上诈骗

例如，有人建立一个与正规网站几乎一样的假网站，同时申请一个与正规网站相近的域名。如果用户输错网址，就可能被引导到假网站中。一旦用户在这个网站中输入账号、密码等信息，对方就能轻松将其窃取。除此之外，一些感染了网络病毒的计算机也可能会弹出假网站，引导用户输入个人信息，以达到窃取信息的目的。

（2）病毒、木马攻击

有一些病毒、木马只偷窃，不破坏，有很强的隐蔽性。用户的计算机在感染这类病毒后不会有明显的操作问题,几乎察觉不到。这些病毒会悄悄在后台运行,当用户登录网络银行、证券系统时,它们会悄悄获取信息并发送给黑客。

(3) 猜解密码

很多用户为了记忆方便而设置很简单的密码,例如,将123456或自己的生日当作密码。还有一些用户将密码储存在 Word 文档中,每个使用计算机的人都可以看到他的密码。这些缺乏安全意识的操作给黑客的攻击带来了便利。

那么,我们应该如何操作才能降低网络炒股的风险呢?

(1) 正确设置交易密码

如果交易密码泄露,那么只要别人得知你的账号和密码,就有可能登录你的账户转移资金,这会严重影响资金和股票的安全。所以,交易密码对于投资者来说至关重要。除了注意保密以外,投资者还要尽量设置比较复杂的密码并定期修改。

(2) 谨慎操作

一般在网络炒股的开通协议中,证券公司会提示客户如因交易信息输入有误而造成损失,券商概不负责。因此,我们在输入买入或卖出信息时,一定要仔细核对股票信息后再点击确认。

(3) 及时查询、确认买卖指令

由于网络延迟等问题,有时电脑界面显示委托成功,但券商服务器可能还未收到委托指令;有时电脑界面显示委托未成功,但券商服务器可能已经收到了委托指令。为了避免重复买卖或交易遗漏,我们在完成委托操作后,应立即对发出的交易指令进行查询，确认委托是否已被受理。

（4）莫忘退出交易系统

我们完成交易后一定要记得及时退出交易系统，不然可能会因为家人或同事的误操作而导致发出错误的交易指令。如果是在网吧等公共场所登录交易系统，更要记得及时退出，否则有可能会被不法分子钻了空子，造成资金的损失。

（5）同时开通电话委托

网络交易有时会遇到系统繁忙或通信故障等情况，这会影响我们正常登录交易系统，贻误买卖股票的最佳时机。因此，我们可以开通电话委托服务，作为网络交易的补充，解决燃眉之急。

（6）不过分依赖系统数据

很多人习惯用交易系统的查询功能查看买入成本、股票市值等信息，但由于交易系统的数据计算方式不同，如果个股遇到配股、送股等情况，交易系统的记录就可能出现偏差，这会影响我们的判断。

（7）关注网络炒股的优惠举措

网络炒股方式的出现减少了券商的工作量，扩大了其客户规模。所以，券商有时会组织各种优惠活动回馈投资者，如佣金优惠等。投资者要时常留意这些信息，选择性价比最高的券商以减少交易成本。

第 10 章

商铺、写字楼：用不动产生钱

不动产投资是指投资者为了获取预期的收益而将一定的现金置换为不动产的行为。对于普通人而言，不动产的保值功能相对稳定，它的投资收入主要包括租赁收入和房产交易的差价收入。目前，在不动产投资中，最常见的就是商铺与写字楼投资。

10.1　商铺、写字楼还值得投资吗

商业地产一直是投资市场中的热门项目，很多人对其跃跃欲试，又因不了解投资情况而不敢出手。与一些高风险、专业性强的投资项目相比，信息公开透明的商铺、写字楼对于投资者来说算得上一个合适的选择。

房价上涨的原因

要想通过投资房地产赚钱，就要先明白房价上涨的原因，以此为依据判断房地产市场的未来走势，做出科学的投资决策。

（1）通货膨胀

随着经济的发展，人们的收入增加，货币的购买力在下降。以前家里有 10000 元存款就很了不起了，而现在一个工薪家庭的月工资就有可能达到 10000 元。因此，物价上涨容易带动房价上涨，这是正常的现象。

（2）房贷

人们对贷款买房这种方式的接受度提高了，也就间接推动了房价上涨。毕竟如果买房不能贷款，人们又没有足够的钱支付房款，很可能就不会买房了。也就是说，如果房子只有价格却没有

市场，房价就不会上涨。

（3）缺乏投资渠道

大多数普通人很少能研究透彻各种投资项目，在股票投资风险大、盈利不稳，各种投资产品良莠不齐的环境下，看得见、摸得着的房产就成了很多有闲钱的家庭的最佳选择。投资房产的人变多，房价自然就上涨了。

贵不一定有价格泡沫

20世纪七八十年代，日本曾经历过一次全民"炒房"的热潮。当时，因为日元升值，出口受阻，日本政府决定放松信贷，扩大内需，结果导致市场上流动的钱越来越多，大量的钱流向楼市和股市，引起房价、地价暴涨。老百姓有了一点积蓄，就计划投资买房，生怕错过了千年一遇的机会。随着买房的人越来越多，房价持续上涨，人们越来越惜售，导致市面上流通的房子越来越少，标价越来越贵。

而低利率和流动资金过剩带来的房地产市场虚假繁荣的现象，让每个日本人都深信他们手中房产的价格会一直涨下去。殊不知此时的日本房地产市场已经出现了价格泡沫。随着政府上调利率，收紧信贷，日本的房地产市场急转直下，东京的房价在3个月内暴跌65%。很多人不仅发财梦碎，还一夜之间成为倒欠银行大笔贷款的负债人。

很多人认为价格贵就一定有泡沫。那么，贵就一定是出现了价格泡沫吗？

在房地产行业，虽然有些房屋表面上价格很高，但其实很难变现，形成了一种虚假繁荣。现在房价比较高，很多人觉得这就是价格泡沫的表现。实际上，这种说法混淆了一个重点：贵和有价格泡沫是两个概念，二者之间没有直接关系，即贵不一定有价格泡沫。

所谓价格泡沫是指房屋的价格远远超出它的实际价值。如果价格与价值相匹配，再贵也是没有价格泡沫的；反之，再便宜也是有价格泡沫的。其实，从经济学角度来讲，房价上涨不是出现了价格泡沫，而是由供给短缺导致的，房地产行业的主要矛盾也在于此。

房价真正涨得快的只是少数热门城市或黄金地段，根本原因在于人口流量大。房价是不是会继续上涨，要看需求和供给之间的关系。

不同的地段应该如何选择

在房产投资中，对地段的选择至关重要，因为这关系到房产将来的升值与发展空间。如果是优势地段、配套完善的房产，日后的租金和售价可能会比较高；相反，如果是地处偏僻、交通不便的房产，不仅没有升值的空间，日后还可能有贬值的风险。

那么，投资者如何才能选到优质的房产呢？

（1）写字楼

写字楼因供应量小、需求量大，所以投资回报率较高，近年来广受投资者青睐。但是，写字楼的面积大，总价高，变现周期长。因此，个人投资者还需要理性做出投资决策。

投资写字楼要遵循以下四个原则。

第一，年回报率超过7%。

一般来说，年回报率超过7%且15年左右能收回成本的写字楼，才有投资价值。因此，投资者在做出决策前要仔细调查周边写字楼的租金情况，计算投资回报率。

第二，租金能抵月供。

写字楼因总价较高，很多投资者都会选择贷款购买。而保证租金能覆盖月供是对投资的一个保险，这能避免投资者因一时周转困难导致个人资金链断裂。

第三，中性物业更灵活。

写字楼分为商用型与商住两用型两种，商住两用型属于中性物业，除了用于办公，还可以用于居住。对于个人投资者来说，商住两用型写字楼的面积小，总价低，硬件配置也不低，所以适合个人投资，风险更低。

第四，合伙投资降低风险。

如果看好投资某个写字楼，但资金不足，我们可以选择与他人一起投资，这样能分摊个人投资的风险。

在投资写字楼的过程中，我们可以运用以下六大策略。

第一，计算年回报率。

前文提到投资写字楼的年回报率超过7%才具有投资价值。那么，如何衡量一幢写字楼的价格是否合适呢？我们可以用"年租金收益×15年＝房产购买价"来计算。如果购买价低于15年的租金收益，则说明该写字楼适合投资。

第二，选择地段。

房产增值的主要原因是土地增值，城市中心区或繁华地段的土地稀缺性更强，所以这些地段的房产增值空间大。而且，城市中心的资源优势明显，是人流、信息流、资金流的汇聚之处。所以，越是处在城市中心的写字楼，投资价值越高。

第三，注重档次。

投资写字楼，除了要看地段，还要分析客户群。企业之所以会租赁高档写字楼办公，提升企业形象以获得客户信任是一大原因。所以，写字楼的租金与其档次是分不开的，档次越高的写字楼越能租出好价格。

第四，注重品质。

写字楼的品质也会影响其投资价值。写字楼的品质包括交通、停车场设计、物业建筑品质、大堂布置、电梯质量、结构布局、采光等，投资者可以实地考察，对比上述内容。

第五，外部景观。

除了内部设计，外部景观也会影响写字楼的投资价值。优美的环境和绿化景观可以增强人的愉悦感，增加写字楼的附加价值。

第六，物业管理。

作为投资型物业，写字楼的后期保值也非常重要。优质的物业公司可以保证写字楼的用水用电、垃圾清理、空调供应、车位管理等方面不会出现问题，从而保证租户不会流失。

（2）商铺

商铺也是近年来热门的房地产投资项目之一。按开发形式划分，商铺可分为商业街商铺、市场类商铺、社区商铺、住宅底层商铺、购物中心商铺、写字楼商铺、交通设施商铺七类。按商铺所处的位置划分，商铺可分为铺面房和铺位。铺面房是指临街有门面、可开设商店的房屋；铺位是指大型综合商场、购物中心等商用物业中的某一个独立单元。

决定商铺投资成败的四大要素包括地段、交通、位置、管理模式。

第一，地段是决定商铺价值的最关键因素。所处位置更明显、更有特点的那一个商铺会有更高的投资价值。这是因为处于优势位置的商铺更容易吸引消费者聚集，形成消费磁场。

第二，交通决定了商铺的最大销售范围，也影响着商铺的投资价值。周围交通更便利、交通费用更低的商铺能覆盖地理位置更远的消费者。

第三，商铺的具体位置与商铺的投资价值也有分不开的关系。例如，大型商场一层商铺的价值永远是最高的，其售价和租金都比其他楼层的商铺要高。这是因为商场一层的人流量是最大的，更有可能被消费者光顾。

第四，商铺的经营管理模式是针对商场铺位而言的，包括聘请的管理公司、营业时间、服务意识等，它对消费者在商铺中的体验有重要影响。一般管理越好的商铺，投资价值就越高。

投资商铺时，投资者不能单纯地认为只要是繁华地段的商铺就一定是好项目，而是一定要去实地考察，并且有独特的眼光。

第一，看人流量。

商铺的盈利能力与人流量有分不开的关系，处在人流量大的地段的商铺基本都能赚钱。人流量分为固定人流、流动人流、客运流（周边的地铁站、火车站等带来的人流）三种，决定商铺盈利的首先是固定人流，其次是流动人流、客运流。

第二，看商铺周边的人员结构。

商铺周边居住或工作的人口的年龄、职业、收入等因素直接影响着商铺的盈利能力。一般来说，高档住宅区或写字楼区域内大多是高收入群体，收入高，消费水平高；反之，普通工薪阶层或老年人较多的区域，购买力就会比较低。

第三，看商铺周边的产业结构。

产业结构影响着周边的职业或行业类别。例如，如果商铺周围第三产业的比重较大，金融、服务、休闲娱乐等企业就会比较多，这些企业会影响商圈及人口的迁移，从而增大该区域的人流量。

第四，看马路的宽度。

俗话说，"宽街无闹市，闹市无宽街"。一般马路不宽的街道，人流量反而较大。而马路宽阔的街道基本都是交通主干道，人流量反而稀少。

10.2　商铺、写字楼增值的正确方式

相比股票等投资产品，商铺、写字楼能更稳定地增值，这是

很多人选择投资它们的理由。那么，如何操作才能让商铺、写字楼拥有更大的增值空间呢？

短线看趋势，长线看地段

与其他投资一样，房地产投资也分短线投资与长线投资。由于税费与限售等问题，我们讲的短线投资一般至少为期5年。相应地，为期5~10年甚至更长期限的投资，我们就可以定义为长线投资。投资商铺与写字楼的收益方式有以下三种：

第一，等待商铺与写字楼升值，转手卖出赚取差价；

第二，将商铺与写字楼外租，赚取租金；

第三，将商铺与写字楼用于自用，自己创收赚钱。

对于商铺投资，投资者要多关注城市区域建设规划，在目标地点周围寻找类似的竞品，对比它们的环境与配套设施之间是否有很大差距，也不要忽略仍未建设但已经在规划中的地铁或轻轨线路。把标的物和周围类似的竞品的差价作为核心关注点，如果较贵的一方不存在碾压性的产品优势与区位优势，那么这样的价差有可能在短短几年内随着配套设施和道路交通的建设而逐渐缩小。

写字楼投资有独特的优势。例如，从出租价格来看，写字楼与商铺相比有很大的优势。另外，商住两用型写字楼既可以用于居住，也可以用于办公。目前这样的商住两用型写字楼很受投资者欢迎。投资写字楼属于长线投资，兑现期长，短期回报率不高。但从长远看，投资写字楼的回报率较稳定，整体上高于投资商铺。

长期投资对稳定性的要求会较高，这样地段的自然环境与人文环境就显得更重要了。自然环境包括空气质量、水质和绿化等，是由城市主导风向、河流流向和城市绿化率决定的。除了自然环境，地段环境还包括人文环境，即交通配套设施、商业配套设施、教育配套设施、文化配套设施等。相对于人文环境来说，投资者要优先考虑自然环境。因为自然环境难以变更，而人文环境则可以慢慢发展。

瞄准高潜力城市或区域

具有发展潜力的城市，其政策、产业、经济等方面的发展多数走在全国前列，经济发展好，人们的购买力强，房产自然更值钱。那么，哪里的房产最具有升值的潜力呢？

（1）一线城市、直辖市以及省会城市

经济学家任泽平曾说过："房地产长期的变化，要看人口的变化。"一线城市一般都是我国经济实力强劲的城市，就业机会、人均收入都处于全国前列。正所谓人往高处走，为了个人的发展，越来越多的人会涌入一线城市。人口的增加意味着购房需求的增加，有了需求作为支撑，房价自然会上涨。同样，直辖市和省会城市也是如此。

（2）区域中心城市

在我国，有一些城市既不是直辖市，也不是省会城市，但它们的经济实力却不容小觑，并且在全国有较高的知名度，这样的城市被称为区域中心城市。例如，辽宁省的大连市，虽然辽宁省的省会城市是沈阳,但大连的知名度和经济实力却与沈阳不相上下,甚至形成了以大连为中心的经济发展区域和人口聚集区域。正因如此,大连的房价与沈阳旗鼓相当,具有很高的发展潜力。

(3)国家重点大都市圈和城市群

大都市圈、城市群是城市发展到成熟阶段的标志,它们是指以1个以上的特大城市为核心,通过发达的交通网络和信息网络联系起多个城市,形成的高度同城化和高度一体化的城市群体。例如,京津冀城市群、长三角城市群、长江中游城市群等。

与一线城市、直辖市以及省会城市同理,这些城市群的人口在未来很长一段时间内可能会呈现增长状态,大量人口涌入就会催生更多的购房需求,房子也就会有更大的升值潜力。

租金回报率为多少适合投资

租金回报率是指年租金与房价的比率,它是衡量房地产投资价值的关键指标。因为一套房子的价格可能会因为供需或其他因素而虚高,但租金不会虚高,它可以真正反映市场需求。

那么,租金回报率为多少适合投资呢?

租金回报率的计算公式是"租金回报率=年租金收入总额/总房价×100%"。例如,小吴以100万元购买一套商铺,然后以每月4000元的价格租出去,这套商铺的租金回报率就是"(4000×12)/1000000×100%=4.8%"。

从公式可以看出,在房产总额不变的前提下,租金回报率与租金是成正比的。也就是说,租金越高,租金回报率就越高。租金上涨不是短期行为,它是一个长期稳定的增长,投资者需要耐心等待。

目前,不少房产的租金回报率并不高。例如,很多商铺的租金回报率都在3%~6%,我们将其称为不合格商铺;租金回报率高于7%的商铺才是合格商铺,但其投资的门槛非常高,主要集中在一线、新一线和强二线这样的大城市。

第五篇

第四象限：保本的钱

第 11 章

40% 的钱保本升值

根据四象限理财法则,第四象限放的是保本的钱,它占全部资产的 40% 左右。对于普通人来说,理财的主要目的是让资产稳步增长,最终跑赢通货膨胀,而不是以小博大、一夜暴富。因此,保本应该是我们要思考的问题。只有保护住了大部分本金,家庭才能有稳固的经济基础,我们才能逐步过上更好的生活。

11.1　转型家庭的理财思维

很多人因为缺乏理财知识，简单地认为理财就是用钱赚大钱，于是拿着自己的全部身家跟风投资高风险项目，结果不仅没有赚大钱，反而赔得血本无归。因此，我们要转变自己的理财思维，切实做出有利于家庭经济发展的理财决策，而不是一味地投机。只有这样，我们才能慢慢过上富足的生活。

以保守为主，重视本金的长远增值

随着社会的发展，很多人都有了理财意识。无论是买债券、买银行理财产品还是买基金等，大多数人都曾尝试过用理财为自己创造收益。但是，有些人一直在坚持理财，却越理越穷，这是为什么呢？

我们先了解一下普通人理财的特点。

第一，普通人理财因本金较少，为了获得更大的收益，经常把钱全都投到一个产品中，不注重分散投资。

第二，很多人理财是盲目追求高收益，经常忽视风险，恨不得30天内用1万元赚2万元，收益预期过高。

第三，不了解市场规律，每次投资都想马上获得收益，没有

第 11 章
40% 的钱保本升值

等待的耐心,也没有对待市场波动的冷静,一看到有明显的收益浮动就频繁操作。

第四,很少花精力钻研理财的知识、技巧、策略,只看重收益回报,不关注风险和成本。

因此,作为普通人,我们在理财时要有逆向思维。当遇到一个高风险的理财产品时,我们不要想自己可能会赚多少钱,而要想自己最多会亏多少钱。

例如,市场中有一个年化收益率 4% 但是能 100% 回本的理财产品和一个年化收益率 20% 但是很可能亏损的理财产品,如果我们手中有 5 万元,该怎么选择?

选择第一种产品,每年只能获得 2000 元收益。有些人就会觉得虽然这个产品稳健,但对于自己而言却不是理想的选择,因为 2000 元甚至不够支付一个月的房租。于是,这些人会放弃第一种,而选择第二种,即把不太多的本金投到高风险、高回报的产品中,放手一搏,以获取更大的收益。

但在实际操作过程中,不少结果是这样的:用 5 万元投资高风险的理财产品,最后因为某种原因亏损而退出。假设亏损了 10%,这意味着我们只亏损了 5000 元吗?并不是。因为如果我们将 5 万元投资到可以稳定获得收益的第一种产品中,本来是可以赚 2000 元的,但因为我们的错误选择而导致亏损了 5000 元,所以我们实际上亏损了 7000 元。

当我们的资金累积到一定程度时,资金的增长就不是我们应考虑的第一要素了,我们首先应该考虑的是资金的安全。因此,我们在理财过程中要学会以保守为主，重视资金的长远增值。普通人理财越急于获得高收益，就越容易掉进理财陷阱。在投资高风险的理财产品时，人们总是只看到它带来的收益，而忽视它本身存在的高风险。人们总是想亏钱的一定不是自己，殊不知在风险面前向来是人人平等的。

而且，大部分人并非专业的理财从业者，没有能力驾驭过高的风险，也没有系统学习过理财知识，所以想在理财市场运筹帷幄是很难的。如果没有驾驭风险的能力，就不要用"撞大运"的思维去理财，选择一些风险可控的理财产品才是适合自己的方式。

理财是一辈子的事，从年轻到中年，再到老年，家庭责任不同，面临的财务问题不同，能承受的风险也不同。对于大多数普通人来说，一夜暴富只是电影中的情节，慢慢变富才是每个人的常态。因此，理财是要与时间做朋友，财富的稳步增长才是每个人应该追求的。

主要保障"顶梁柱"和子女的未来

小李今年40岁，经营一家餐馆，年收入60万元。他的妻子小赵不工作，全职照顾家庭。二人育有一对儿女，分别为4岁和6岁，同时需要赡养两个老人。小李一家每月的开支为5000元。中长期的理财计划有：子女18岁后出国留学，需要教育基金100万元；为父母预留大额医疗支出30万元。

如今，很多家庭都像小李的家庭一样，一方赚钱，另一方负责照顾子女和老人。这样的单薪家庭应该如何理财呢？对此，我们应该主要保障"顶梁柱"和子女的未来。

小李作为家中唯一的经济支柱，应购买足够的意外保险和寿险，以防因自身突然遭遇不测而使全家陷入经济困境。鉴于小李的收入较高，能够积累较多的财富，所以小李可以考虑购买终身寿险。虽然终身寿险的前期保费较多，但可以终身保障，并合理实现财富传承。

在保障子女的未来方面，小李一家的要求比较高，要送儿女出国留学。因为小李的儿女年龄较小，所以可以做长线规划。小李可以以高成长、高回报为目标，选择投资有潜力的绩优股，或将月收入的20%（1万元左右）用于基金定投，以10年为期限，设置20%左右的预期收益率，为儿女积累留学基金。

除此之外，小李一家还有为父母养老的需求。鉴于小李已经40岁，其父母年事已高，身体机能下降，随时都可能出现生病住院的情况。因此，小李为父母准备的30万元医疗基金应放到流动性高、回报稳定的投资产品中，如货币型基金、银行开放型理财产品等，保证这笔钱可以随时取用。

没必要过于纠结养老问题

某媒体曾经针对当今社会的养老问题开展过一次街头采访，主题为"有多少钱才能安度晚年"。让人意外的是，在采访过程中，很多"90后""00后"年轻人表示自己已经开始关注养老，甚至产生了养老焦虑。

提前规划养老问题是一种有风险意识的体现，但我们没必要过于纠结养老问题。现在一些商家和投资机构为了自身的利益，会故意放大客户对未知的恐惧，让他们陷入深深的焦虑，以此来推销产品或服务。所以，无论是常规理财还是养老规划，我们都要结合自身现状，理智地做决策。

事实上，现在除了一些收入不稳定的人以外，大多数工薪家庭人员的退休后生活都是能得到基本保障的。低收入家庭人员虽年轻时收入不高，但单位按规定给每个人缴纳的养老保险基本能够维持他们退休后的生活所需。中高收入家庭更无须担心，只要合理分配资金，积累的资金足够保证退休后的生活质量。

也就是说，虽然养老很重要，但我们在理财时也不能陷入养老焦虑。对于许多人来说，退休可能是30年甚至更长时间以后的事。在此期间，他们可以努力工作，积极开源，储蓄足够的钱。而且，我国的经济正在持续发展，人们未来的生活也会更好。

根据我国的发展现状，未来的养老体系一定会更完善。等到"90后"或"00后"退休时，我国的养老情况将比较乐观，每个人都可以安享晚年。

80投资法：年龄与投资比例

随着年龄的增长，我们承担的责任会变大，财务压力也会越来越大，而承受风险的能力却越来越小。

一个刚毕业的大学生初次接触理财，把自己手中80%的资金投入了股票市场，但由于选股不慎，亏损了50%的本金。表面上看，这个亏损比例非常高，但对于一个20多岁的年轻人来说，他有大量的时间赚回亏损的本金。而且，因为家庭压力小，亏损不会影响他的正常生活。

但是，如果一个40多岁的中年人投资股票亏损了50%，那可就是损失惨重了。而且，中年人一般上有老、下有小，高额的亏损不仅会影响自己的生活质量，还会影响整个家庭的生活质量。因此，随着年龄的增长，我们更适合选择一些稳健型、偏保守的理财产品。

明白了风险承受能力和年龄的关系后，我们在理财过程中要如何据此确定风险投资的比例呢？华尔街的专业投资人曾总结出一个简单的计算方法，即80投资法。80投资法是指用80减去投资者的年龄，再乘以100%，其结果就是适合投资者的风险投资的比例。

例如，对于40岁的中年投资者，按公式计算：（80-40）×100% = 40%，说明该投资者最多能配置40%的资金用于高风险投资，而其余60%的资金都必须放在稳健型的理财产品中。

另外，我们还要注意在运用80投资法进行资产配置时，其资金基数应该是可用于投资的总金额，而不是全部资产。如果从家庭储蓄的层面来看，可用于投资的总金额一般是最近几年不会用到的闲置资金；如果从家庭收入层面来看，可用于投资的总金额是减去日常支出与固定存款后的剩余资金。也就是说，如果我们有20万元的存款，其中10万元在最近3年内有明确用途，那么可用于投资的总金额就是10万元。

综上所述，学会使用80投资法，相当于掌握了资产配置的第一步，明确了自己该如何配比风险投资与稳健投资。但是，80投资法在实际的投资过程中比较理想化，具体的投资比例还要根据我们的个人情况和风险承受能力进行适当调整。所以，80投资法更适合作为我们衡量风险投资金额有没有"超标"的指标。

11.2 让家里的钱跑赢通货膨胀

对于普通人来说，理财的终极目标不是发大财，而是让家里的钱跑赢通货膨胀。也就是说，不管物价水平如何变化，我们手中的钱都能维持生活质量不下降。

投资回报率为多少才能和通货膨胀率持平

众所周知，通货膨胀会让我们的钱包严重缩水，虽然到最后钱的数额没变，但是能买到的东西却越来越少了。为了保证生活质量，我们投资理财要达到多少收益，才能保证钱包不缩水呢？

首先，我们要明确通货膨胀的概念。通货膨胀是指因货币供应超过了实际需要而导致货币贬值、物价上涨。通货膨胀是一个长期概念，通俗地说就是物价不是一时涨，而是一直在涨。通货膨胀分为五个阶段：爬行阶段，通货膨胀率为3%以下；温和阶段，通货膨胀率为3%～6%；严重阶段，通货膨胀率为6%～10%；飞奔阶段，通货膨胀率为10%～50%；恶性阶段，通货膨胀率大于50%。

其次，我们要从生活中的各个方面衡量通货膨胀的严重程度。

第一，看价格指数。

通货膨胀的表现之一是物价上涨，那就可以通过物价上涨的幅度计算通货膨胀率。目前，消费者价格指数（CPI）、生产者价格指数（PPI）、零售物价指数（RPI）、批发物价指数（WPI）都可以用于衡量物价水平。

第二，看多印了多少钱。

出现通货膨胀的原因是货币供应量超过了实际需要，所以用货币发行量减去实际货币需要量，就可以看出通货膨胀的严重程度了。

第三，看 M2 增速。

M2 是广义的货币，包括定期存款、储蓄金等，包括一切可能成为现实购买力的货币形式，一般可以反映社会总需求的变化和未来通货膨胀的压力。

第四，看最低工资标准增长率。

最低工资标准的制定要考虑很多因素，包括当地城镇居民生活费支出、职工个人缴纳社会保险费、职工平均工资、失业率等。因此，我们能通过最低工资标准的变化来看通货膨胀率的变化。

我们要想让自己的钱跑赢通货膨胀，还要购买合适的理财产品。如今，理财产品的种类非常多，包括股票、基金、债券等。不过，很少有理财产品可以达到"两高一低"的目标，即回报率高、流动性高、风险低。

我们应该以"高收益＋低风险"模式为基础做组合投资。低风险的理财产品相当于一个"垫板"，可以让高收益的理财产品安全"着陆",从而帮助我们降低风险、保障资产安全。

总之,要想让投资回报率和通货膨胀率持平,甚至跑赢通货膨胀,我们就不能将希望全部寄托于工资的上涨,这和直接放弃主动权没有太大差别。我们必须根据自己的实际情况配置资产,买一些适合自己的理财产品,不断充实自己的小金库。

钱生钱与物生钱

我们赚钱的方式有三种,即力生钱、钱生钱和物生钱。力生钱是指通过付出劳动来换取钱财;钱生钱是指通过对金融资产的保值、增值来换取钱财;物生钱是指通过出售或租赁物品来换取钱财。

力生钱是每个人都知道的方法,此处不多做赘述。下面介绍钱生钱与物生钱。

(1)钱生钱

凡是那些投入的东西是货币、产出的东西也是货币的产品都属于能够以钱生钱的产品,如银行存款、固定收益类理财产品、债券产品等。不同的产品具有不同的风险,收益也不同。例如,有些银行活期存款年化收益率为0.35%,而一些特别的债券产品的投资收益率可能达到10%。对于大多数人来讲,接触的第一个理财产品都是钱生钱类的产品,但入门容易、精通难,许多人都是因为跟风投资而遭受了巨大的亏损。因此,我们可以先养成理财思维,再了解理财产品的运作过程,学习更专业的知识和方法,做出理财决策。

（2）物生钱

除了钱生钱以外，我们还要知道物生钱。物生钱使用的物品一般具有保值、增值的功能。例如，黄金、字画、古董、邮票、玉石等都具有比较大的增值潜力。

我们要如何判断物品是否可以保值、增值呢？

①价格不能太低。价格太低的物品，任何人都有能力购买，很难转手卖出高价。

②没有替代品。有增值潜力的物品通常是独一无二的，否则人们还有替代品可以选择，很难出高价购买产品。

③受预期因素的约束比较小。受预期因素约束的物品往往有较大的价格波动，如果我们买了这样的物品，恰好碰上它的价格高开低走，那么很可能会遭受损失。

④平均成本不可以降低。如果物品的平均成本可以降低，那么其价格也有可能降低。对于已经购置物品的人来说，这无疑是一种投资风险。

不管是钱生钱类理财，还是物生钱类理财，我们在操作过程中都应该遵循"开局要准、理财产品要好、价格要对"的原则，不断充实自己，积累足够的实践经验，真正实现钱生钱和物生钱。

第 12 章

债券：稳健投资的首选

在众多理财产品中，债券因其风险低、收益稳定的特点受到众多投资者的青睐。与银行储蓄相比，债券有高利息、免税、高信用等级等优势；与股票相比，债券有风险低、波动小、到期无亏损等优势。因此，对于缺乏投资经验且追求稳定回报的投资者来说，债券是一项比较好的选择。

12.1　什么是债券

债券是政府、金融机构、工商企业等向社会筹措资金时发行的，承诺按一定利率付息的证明书。作为一种有价证券，债券也是重要的金融工具，它具有稳定的收益且安全性高，是相对稳健的一种投资方式。

利率债与信用债

按照信用状况，债券可以分为利率债和信用债两种。

利率债是指政府为主体发行的债券，如国债、地方政府债券、政策性金融债、央行票据等。利率债因为有国家信用作为背书，所以基本不用考虑债券的违约风险，安全性很高。信用债是指政府之外的主体发行的、约定了本息的债券，如企业债、公司债、短期融资券等。

利率债和信用债在信用风险、流动性和收益水平上有所区别。

（1）信用风险

利率债有政府信用背书，一般被认为没有违约风险。而信用债的发行主体是企业等机构，可能会受公司治理、制度完善、股权变更、业务经营、债务规模等因素的影响，导致发行主体的偿债能力下降,容易产生投资风险。另外,信用债还会受到国家政策、经济环境、行业周期等大环境的影响。

(2)流动性风险

利率债比信用债拥有更强的流动性。通常参与利率债交易的机构较多,日均交易次数较多,买卖价差较小。而信用债的买卖价差通常较大,日均交易次数较少。特别是当市场行情下行时,利率债更容易卖出止损,而信用债可能难以止损,导致亏损幅度难以控制。在融资方面,利率债可以用质押式回购进行再融资,而信用债因发行主体的信用资质不足等原因导致融资较困难。

(3)收益水平

利率债的收益一般低于信用债。利率债的收益主要受基准利率影响,而信用债的收益受发行主体的盈利能力影响。信用债的投资者需要承担发行主体违约的风险,因此会在收益水平上得到补偿。一般来说,信用风险越高的信用债,收益率也越高。

什么是背书

背书原指持票人为了将票据权利转让给他人或将特定的票据权利授予他人行使,而在票据背面或粘单上记载有关事项并签章的行为,后引申为担保、保证的意思。因债券是发行主体向社会筹措资金的凭证,所以债券背书也可以理解为该债券的担保人。如果债券发行主体不履行偿还义务,则背书者必须承担赔偿责任。利率债的担保人是国家,一般认为其不存在信用风险。而信用债的担保人是企业等主体，由于可能影响企业发展的因素较多，所以信用债会存在信用风险。

一般来说，经济环境不好时，投资者因担心信用债出现违约风险，可能会增加利率债的配置；相反，经济环境好时，投资者对市场充满信心，就会增加信用债的配置。但这并不绝对，如果我们想要进行组合投资，就还要考虑自己的风险偏好、资金成本等其他因素。

债券的品种细分

按照不同的划分方式，债券可以分为多个品种。

（1）按发行主体分为政府债券、金融债券、公司债券

①政府债券

政府债券是由政府发行的债券。由中央政府发行的债券称为公债、国债，它发行的目的是弥补财政赤字或投资大型建设项目，它的利息可以享受免税优惠。由各级地方政府发行的债券称为地方政府债券，它发行的目的是为地方建设筹集资金。另外，还有一种政府债券称为政府保证债券，它发行的目的是为市政项目及建设公共设施筹集资金，但它们是由与政府有直接关联的企业发行的，这种债券有政府作为背书，但不享受利息免税优惠。

②金融债券

金融债券是由银行或其他金融机构发行的债券，它发行的目的是筹集长期资金，其利率比同期银行存款利率要高，且投资者可以随时转让。

③公司债券

公司债券是由非金融性质的企业发行的债券，它发行的目的是筹集长期建设资金。按照我国的相关规定，企业发行债券必须先进行信用评级，只有信用评级达标才可以发行。因为企业的信用水平比政府的信用水平低，所以公司债券的风险较大，但利率也较高。

（2）按发行区域分为国内债券和国际债券

国内债券是由本国的主体以本国货币为单位在国内市场发行的债券；国际债券是本国的主体以外国货币为单位在国际市场上发行的债券。例如，我国的一些企业在日本发行的债券就可以称为国际债券。另外，因为国际债券属于国家的对外负债，所以本国的企业到国外发行债券必须得到政府主管部门的许可。

（3）按偿还期限分为短期债券、中期债券、长期债券

一般以 1 年和 10 年为划分节点，偿还期限在 1 年以下的为短期债券，偿还期限在 1~10 年的为中期债券，偿还期限在 10 年以上的为长期债券。

（4）按利息支付方式分为附息债券、贴现债券、普通债券

附息债券是券面上附有各期息票的中长期债券。投资者可以凭息票按标注的时间到指定地点领取利息。息票一般以 6 个月为一期，由于它能到期获取利息，因此也是一种有价证券，可以流通、转让。

贴现债券在发行时按既定的折扣率出售，而投资者在到期时可以按面额领回本息，票面价格与发行价格的差价就是利息。

普通债券按不低于面值的价格发行，投资者可以按规定分期领取利息或到期后一次领回本息。

（5）按发行方式分为公募债券和私募债券

公募债券是按法定手续经证券主管机构批准在市场上发行的债券。它的发行对象没有限制，所以发行主体必须向投资者公开信息，如财务报表等资料，以防止发生欺诈行为。

私募债券是向特定的投资者发行的债券。它的发行范围很小，发行对象多为银行或保险公司等金融机构，因此其转让也受到一定的限制，但利率水平比公募债券要高。

（6）按是否记名分为记名债券和无记名债券

记名债券是券面上注明债权人姓名，且在发行公司的账簿上有同样登记的债券。记名债券转让时不仅要交付票券，还要在公司账簿上更换债权人姓名。

无记名债券是券面上未注明债权人姓名，也没有在公司账簿上登记的债券。现在市面上流通的大多是无记名债券。

（7）按发行时间分为新发债券和既发债券

新发债券是新发行的债券，这种债券规定了招募日期。而既发债券是已经发行并交付的债券。新发债券一经交付就变成了既发债券。在证券交易部门，既发债券可以随时购买，其价格就是当时的市场价格。

（8）按是否可转换分为可转换债券与不可转换债券

可转换债券是可以依据一定条件转换为其他金融工具的债券，一般是指可转换公司债券，投资者可以按一定条件将债券转换成股票。而不可转换债券就是不能转换为其他金融工具的债券。

12.2 债券的收益与风险

虽然债券是比较稳健的投资方式，但它并非完全没有风险。因此，我们在理财过程中切忌掉以轻心，应该认真对待每一笔投资，制定风险管理策略，力求让资产稳定地实现增值。

债券与银行储蓄的区别

银行储蓄作为最安全的理财方式，它与债券理财有何区别呢？如果我们想让手中的资产稳定地增值，应该如何选择呢？

（1）安全性不同

债券投资的债务人是政府、金融机构和企业，而银行储蓄的债务人是银行等金融机构。债务人的不同使债券投资和银行储蓄的安全性存在差异。一般来说，银行储蓄的安全性要高于债券投资。我国银行的信用等级很高，有严格的监管和科学的风险预警机制，几乎不可能有倒闭的风险。因此，银行储蓄是最安全可靠的资产增值方式。

而债券的安全性与发行主体有关。一般来说，政府债券因发行主体是政府，所以安全性最高；金融债券的发行主体是银行等金融机构，其安全性与银行储蓄基本相同；但公司债券的发行主体是企业，不同企业的资金实力、经营状况不同，导致债券的安全性也不同，投资者要承担企业可能无法及时还本付息的风险。

当然，我国对公司债券的发行也有一定的限制，一般规模较大且信用等级高的企业才被准许发行债券。例如，电力、铁路、石化等企业发行的债券，风险就很低，而且利率也较高。

（2）期限不同

银行储蓄的期限一般都比较短，定期存款的最长期限为5年，而债券可以进行较长期限的投资。近年来，我国发行了许多债券，长期、中期、短期的都有，满足了不同投资者的需要。

（3）流动性不同

流动性是指投资工具在短期内变现的能力。活期存款有很强的流动性，可以随时转化为现金；定期存款则缺乏流动性，如果储户想提前支取定期存款，可能会损失利息，存款越多，利息损失越大。

而债券具有较强的流动性。如果投资者想提前支取现金，则可以将手中的债券按市场价格在市场上转让。一般来说，国债、金融债券和上市公司债券都具有很强的流动性。

（4）收益构成不同

银行储蓄的收益是利息收入。每笔存款在存入时利率已确定，如果没有遇到利率调整，我们在存入时就可以计算出预期的利息收入。

债券投资收益的组成要复杂一些，其收益的最基本部分是利息收入，但买卖债券时价格的变化还可能让我们获得资本收益。另外，因为债券融资和银行储蓄在资金循环中的位置不同，所以债券的实际利率要高于同期的定期存款利率。

债券融资是资金使用者直接向资金供应者融资，中间不经过第三方；而银行储蓄是间接融资，资金存入银行后再由银行发放贷款，才能到达使用者手中。

因此，债券融资的资金产生的利润由使用者和资金提供者两家分割，而银行储蓄等间接融资的资金产生的利润由资金使用者、银行和资金提供者三家分割。这也是债券投资的实际利率高于储蓄利率的原因之一。

市场利率变动带来的价格变动

一般来说，如果市场利率发生变动，那么债券的价格也会受到影响。为什么会出现这种情况呢？

债券的未来价格由未来的所有预期利息和本金构成，而现在价格的高低由市场利率决定。如果目前的市场利率上升，债券的价格将降低，债券的到期收益率会提高，反之亦然。

因为存在上述关系，影响债券价格波动的因素中最敏感的就是市场利率的变化，债券投资的各类风险中最强烈的也就是利率风险。因市场利率的变化而导致了债市价格波动，从而带来了投资收益的不确定性。

例如，小王在 50 元的价位上买了某债券。之后，由于利率上升，该债券的价格下跌到了 48 元。同时，利率上升的预期还没有完全解除。如果他继续持有该债券，就可能丧失其他更好的投资机会；如果将该债券出售，又会遭受价格下降带来的损失。所以，持有债券的投资者很难回避利率风险。

由此可见，债券的价格受市场利率的影响而不断变动。当市场利率提高时，债券的价格会下降；当市场利率降低时，债券的价格会上升。债券的价格变动给债券交易带来了差价。随着市场利率的升降，如果投资者能抓住机会，在合适的时间买进或卖出债券，就可以获得比较丰厚的投资收益。

刚性兑付只是理论上存在

刚性兑付是指我们购买的理财产品到期后，无论这笔资金做什么投资，是盈利还是亏损，发行机构都必须按约定还本付息。这种承诺很容易误导普通投资者，让他们认为买这种理财产品是"0风险"的投资，只要耐心等产品到期就能拿回本金和利息。

但事实上，刚性兑付不是完全有利于普通投资者的，因为它剥夺了投资者的知情权，诱导投资者做出了错误的决策，从而可能蒙受巨大的损失。那么，刚性兑付是如何误导投资者的呢？

我们到银行存钱时，经常会碰到银行的理财经理向我们推销理财产品，说这个产品的年化利率有5%～6%，而且是刚性兑付，基本没有风险。实际上，我国没有哪一项法律要求理财产品进行刚性兑付。但是，很多金融机构希望吸引更多投资者，便促使刚性兑付逐渐演变为一个不成文的规定。

刚性兑付在市场发展初期确实有一定的积极意义，如促进投融资方式的发展、保证中小投资者有安全稳定的投资渠道、防范金融中介机构的道德风险等。但是，随着市场的不断深化，其弊端也日益显现，包括抬高了无风险收益率、降低了投资者的风险意识、损害了市场资源配置效率、不利于金融市场健康发展等。

因此，刚性兑付不是投资者的避风港，我们在投资过程中要随时保持风险意识，明白哪怕是银行理财产品或国债都需要承担一定的风险，只是风险可以忽略不计而已。风险低不代表没有风险，一味地迷信刚性兑付，只会误导自己的投资决策。

12.3 如何购买债券

作为风险较低、收益稳定的理财产品之一，债券很适合用于家庭资产的保值、增值。那么，我们应该如何购买债券呢？下面介绍债券的购买方式和交易费用。

购买方式

很多人因对债券缺乏了解，误以为个人只能购买国债，并且只能到银行柜台交易。事实上，个人可以投资很多种类的债券，购买方式也有很多。

我国债券市场分为交易所市场、银行间市场和银行柜台市场。交易所市场的交易者是机构和个人投资者，银行间市场的交易者以机构投资者为主，银行柜台市场的交易者大多为中小投资者，其中有很多个人投资者。下面介绍两类个人投资者可以参与交易的债券市场。

（1）交易所市场：企业债、可转债等

目前在交易所市场流通的有记账式国债、企业债和可转债，个人投资者只要在证券公司的营业部开设债券账户，就可以购买债券，实现债券的差价交易。而且与购买股票相比，在交易所市场购买债券的成本比较低，可以免缴印花税，交易佣金也比较低。

但是，除了国债，其他债券的利息所得都要缴纳一定的个人所得税，这笔税款会由证券交易所在交易完成后代为扣除。

（2）银行柜台市场：凭证式国债

目前，银行柜台市场只能购买凭证式国债。这种债券不具有流动性，仅发售给个人投资者，储蓄功能较强，投资者只能按期限持有，到期后获取票面利息。但是，有些银行也会提供凭证式国债的质押服务，让这种债券拥有了一定的流动性。

投资者购买凭证式国债，需要持个人身份证在银行柜台办理开户。如果账户只用于交易国债，则不收取开户费和维护费，且收益免征利息税。除了开立个人国债托管账户，投资者还要在同一家银行开立结算账户作为资金账户，用于结算本金和利息。

交易费用

债券的交易费用很低，其佣金远低于股票，而且没有印花税，在交易过程中基本可以忽略不计。虽然不用太计较债券交易的佣金和手续费，但频繁买卖也会造成损失，而且会让投资者心浮气躁，难以冷静地做出决策。

除了佣金和手续费，我们持有公司债券所获利息还要缴税。

很多人刚开始买债券，可能会遇到这样的问题：交易界面显示的价格是100元，实际扣款时却扣了102元。这是因为他们混淆了全价与净价的概念。

全价是指含有利息的债券价格，也是债券买卖的实际价格。净价是指不含有利息的债券价格，也就是我们在交易界面看到的价格。这里的利息是指上一次分红到当前时间节点的累计利息。

例如，某债券上次付息是 7 月 1 日，交易价格为 110 元，票面利率为 6%，期限为 1 个月，那么从 7 月 1 日到 8 月 1 日这段时间应计息为 $110 \times 6\%/12 = 0.55$ 元。所以，我们实际支付的金额应该是 110+0.55 = 110.55 元。

第 13 章

用基金"打败"市场波动

投资市场变幻莫测,没有永远的牛市,也没有永远的熊市。为了让家庭资产能更稳健地增长,我们在投资过程中要尽可能减少市场波动带来的投资损失,其中一个较好的办法就是基金定投。基金定投既能分散风险,又能抑制贪婪和恐惧,是普通投资者应对市场波动的一种选择。

13.1 我们为什么要买基金

买基金作为当下比较常见且热门的投资方式，吸引了很多投资者参与。基金因门槛低、流动性强、可组合配置等优势成为投资者配置比例最高的理财产品，有些投资者的基金配置比例甚至超过了全部资本的 50%。

门槛低，10 元起步

基金的投资门槛非常低，支付宝就有 10 元起投的基金产品。新一代理财平台改变了过去动辄上万元起投的方式，让很多年轻人也可以参与理财，扩大了购买基金的人群规模。

由于基金投资的门槛降低了，一些缺乏资金又没有风险意识的投资者开始博弈中高风险的基金产品，想快速赚到足够多的利润，结果却亏多赚少。

每一种理财产品都有自己的交易规则，基金适合长线投资。在投资基金时，我们最好用近几年都不会用到的闲钱投资，不要总想着"赢了吃大餐，输了从头开始"。如果投资者抱着这种赌的心态，有可能以亏损告终。而且，用短期内急用的钱投资，如果亏损，资金可能无法取出，就会影响还房贷、还信用卡等，进而导致生活质量下降。

投资者可以选择中长期定投的方式来投资基金，定时定额进行投资，这样就能在熊市获得足够多的基金份额，摊低基金持仓成本，在牛市盈利卖出。低买高卖这一招看似简单，却帮投资者避免了抓不住卖出时机的问题，而且也不需要花太多时间看盘，普通人也可以轻松操作。

流动性强，赎回到账快

基金是聚集社会闲散资金，由基金管理人运作、基金托管人保管的一种开放式投资，具有流动性高和收益稳定等特点，被称为"准储蓄"。基金的流动性高体现在收益的到账时间非常快，收益在赎回当日或下个交易日就能到账。

基金赎回最快可以当天到账，最慢需要4天左右到账。货币基金可以实现当天到账，普通基金如指数基金、债券基金、股票基金、混合基金赎回为T+1日到账。除此以外，在交易日15:00以后申请赎回基金，资金到账会在上述到账时间上顺延一天。所以，如果我们想快点拿到资金，就应该尽量在交易日15:00前操作。

总之，基金的类型不同，赎回到账的时间也不同，投资者要根据基金的类型计算赎回到账的时间。另外，周末和节假日不是交易日，一般在周五15:00前提出赎回申请，资金在下周一才会到账。

产品线完整，可组合配置

随着基金产品日益多样化和市场竞争日益加剧，各基金管理公司都根据自身的实际情况不断创新产品，合理布置并完善产品线。在日益完整的产品线下，组合配置不同的基金，提高收益率，也越来越便捷。

对于不同的基金产品如何组合的问题，有一个基本原则，就是让产品特性和资金属性相匹配。

（1）产品特性

投资中存在"不可能三角"，即不存在高收益、低风险、高流动性三者兼备的产品。因此，风险和收益是并存的。每个产品都只能具有其中两个特性。就基金产品而言，风险从低到高依次为货币基金、债券基金、混合基金、股票基金。

（2）资金属性

资金最重要的属性是投资期限和风险偏好。投资期限会在一定程度上对风险偏好产生限制。例如，一年以内的短期投资必须先保证资金安全，再追求收益，这就意味着风险偏好不能太高。除此之外，风险偏好也受个人认知的影响，每个人因认知不同而对行情做出的判断也不同，这会影响我们的投资决策。

在明确产品特性和资金属性后，如何配置基金就很清楚了。

例如，在中等风险偏好下，投资期限只有1~2年，就要尽量配置固定收益的基金产品，而不适合配置高风险的股票基金组合。投资期限超过3~5年，则可以考虑多配置一些股票基金组合，少量配置一些固定收益的基金产品。

除了产品特性和资金属性，我们还要考虑心理素质对投资的影响。在市场不断下跌时，很多投资者都会陷入恐慌，特别是那些在高位买入的投资者很难坚持长期投资。因此，我们在投资过程中不需要过分追求正确的理论，如长期价值投资等；我们要充分考虑自身的承受能力，以盈利为核心目标，找到最适合自己的配置方法。

13.2 五大基金类型

按照投资项目划分，基金可以分为股票型基金、指数型基金、混合型基金、债券型基金、货币型基金。

股票型基金

股票型基金就是大部分资金（不低于80%的仓位）投资于股票的基金，这意味着股票型基金是风险最高的，适合期望高风险、高收益的投资者。另外，股票型基金还可以细分成行业股票型基金，如消费行业基金、医疗行业基金、科技行业基金等。

投资股票型基金需要注意什么呢？

第一，最好选择具有高成长性的行业股票型基金，如消费行业、科技行业等。如果没有深入的研究，最好不要选择周期性行业，如钢铁、煤炭等。因为这些行业的产品的价格呈周期性波动，投资者可能把握不好入场时机。

第二，基金经理和市场风格也是影响股票型基金的因素。基金投资更像一种代理投资，投资者将资金投给可信赖的基金管理公司，通过它们运营资本以创造收益。因此，基金经理的投资逻辑、偏好行业是否与这种市场风格相符严重影响了我们赚取收益的多少,我们在基金经理的选择上也要做好深入的研究。

指数型基金

指数型基金是最适合定投的基金。指数型基金属于被动管理型基金,主要跟踪指数标的,如沪深300、中证500、上证50等,是适合刚入门的投资者选择的基金。

指数型基金代表市场平均收益,即大盘整体上涨,它就会跟着涨。那么,我们该如何选择指数型基金呢?第一,选择跟踪误差小、规模适中的基金。跟踪误差越小的基金,基金经理的管理能力越强,投资者更能实现获得高收益的目标。第二,选择手续费较低的基金。这会尽可能减少交易成本,提高收益。

混合型基金

混合型基金是同时投资于股票、债券、货币等市场的基金。这种基金需要在牛市多配置股票,在熊市多配置债券与货币,实现进可攻、退可守的效果。因此,混合型基金投资的标的和持仓比例完全取决于基金经理的判断,对基金经理的要求比较高。

根据基金经理的投资偏好,混合型基金分为低、中、高三种风险类型。如果基金经理偏好投资债券,那么该基金就属于低风险;如果基金经理偏好投资股票,那么该基金就属于高风险;如果基金经理偏好股债平衡,那么该基金就属于风险适中。

综上所述,我们在购买混合型基金时要着重分析基金经理,一位好的基金经理可以让基金在熊市抗跌，降低亏损风险，在牛市跑赢大盘，获得超额收益。

债券型基金

如果你有一定的风险承受能力，希望获得较高的收益，那么债券型基金就是你的一种不错的选择。

债券型基金的年化收益率在 3%～10%，总体风险不大，短期持有可能会有浮动亏损，但坚持持有 1 年以上几乎不会有亏损的情况。这是因为债券型基金持有的都是优质、高信用债权，很少会发生还不上钱的情况。

但是，债券型基金的收益率不固定，要看市场利率的波动情况。总而言之，虽然债券型基金有一定的风险，但风险可控，是稳健投资的佳选。

货币型基金

货币型基金是投资方向为短期货币市场的基金，如国债、银行定期存款、央行票据等。从投资方向来看，货币型基金的风险很低，几乎不会亏损。

除此之外，货币型基金具有三个特性，即高安全性、高流动性、准储蓄。余额宝等产品就属于货币型基金，如果你丝毫不能承担风险或者手上的存款不多，又想用基金理财，那么最合适的产品就是货币型基金了。货币型基金的利率在 2%～3%，虽然与其他产品相比较低，但至少比银行活期储蓄的利率高。

13.3　购买基金的三大注意事项

基金作为当下流行的理财产品,很多人都曾跟风投资过。虽然很多人都说基金是十分稳健的产品,但它也存在风险,投资者需要擦亮眼睛,了解行业的发展趋势,谨慎购买。下面介绍购买基金的三大注意事项,希望能对投资者购买基金有帮助。

先进先出,分批赎回

为了鼓励投资者长期持有基金,基金管理公司会根据投资期限设置不同的赎回费率。证监会规定,除了货币基金和交易型开放式指数基金,其他基金持仓小于 7 天,都会被收取 1.5% 的赎回费。

例如,如果投资 1000 元,持仓不到 7 天就卖出与 7 天后卖出,赎回费几乎相差了一倍,而持有 3 年以上甚至不收取赎回费,如图 13-1 所示。

赎回费率(后端)		
适用金额	适用期限	赎回费率
---	小于 7 天	1.50%
---	大于等于 7 天,小于等于 2 年	0.60%
---	大于 2 年,小于等于 3 年	0.30%
---	大于 3 年	0

图 13-1　不同持有期限的赎回费率

另外,我们一般都采用定投的方式购买基金,所以基金也是分批计算持有期限的。例如，我们在 2021 年 1 月 1 日开始第一期定投，假设 3 年后全部卖出，那么免收赎回费的只有第一期基金份额，而从第二期开始，后续定投的基金份额的持有期限都不足 3 年，因此还要收取赎回费。

所以，我们在赎回基金时最好选择分批赎回，这样既能避免错失后面的行情，又能减少交易成本。而且，基金赎回一般按"先进先出"的原则，不需要我们做其他操作，基金公司会按照购买基金的时间顺序自动先赎回最先购买的份额。

"未知价"交易原则

我们在交易日 15:00 前申购或赎回基金，会以申请当天收盘时的基金份额资产净值计算买入或卖出基金的金额。而这个基金份额资产净值一般在每个交易日收盘后才计算，经托管部门审核后在次日公布。因此，我们在当日申购或赎回基金时是不知道当日交易的确切价格的。这种交易的计价方法被称为"未知价"交易原则。

基金交易之所以采用"未知价"交易原则，是因为基金属于间接投资产品。股票、债券等我们熟知的投资产品都是交易所场内的直接投资产品，投资者在交易时可以实时知晓投资标的的价格变动情况。而基金相当于通过基金管理公司间接投资股票或债券等产品，由于这些产品的价格是实时变化的，所以基金每日的净值只能等到收盘之后才能计算出来。

因此，投资者在交易基金时无法做到同步确认价格。如果我们在 T 日收盘前申请赎回基金，按当日净值计算价格，最快在 T+1 日才能确认结果；如果我们在 T 日收盘后申请赎回基金，则按次日净值计算价格，最快在 T+2 日才能确认结果。

所以，我们在买卖基金时一定要注意"未知价"交易原则，提前计算好时间，避免资金出现流动性问题。

金额申购、份额赎回

金额申购、份额赎回是指买入基金时以金额申请购买，卖出基金时以基金份额申请赎回。我们在买入基金时先支付现金，待收盘且计算出基金净值后，再将现金折算成相应数量的基金份额。例如，每个月定投 1000 元，收盘后的基金净值为 1.25 元，则可折算为 800 份基金。

而我们在赎回基金时填写的则是需要赎回的基金份额数，待收盘且计算出今日的基金净值后再计算赎回金额。例如，在交易时间内申请赎回 1000 份基金，收盘后基金净值为 1.25 元，则折算成赎回金额为 1250 元。

当然，基金在申购与赎回时还需要支付手续费，以上计算的只是在没有手续费的情况下的基金份数和赎回金额，在实际的基金交易过程中还要以各基金产品的说明书为准。

13.4 如何选择适合自己的基金

作为个人投资者，购买基金的渠道有很多，如基金经理、代理商、基金公司的网络销售平台、银行等。面对这些让人眼花缭乱的渠道,我们该如何选出适合自己的基金呢?

购入前做好准备工作

当投资者想购入某只基金时需要提前做好功课,毕竟市面上的基金产品非常多,一只表现好的基金比一只表现差的基金,收益率甚至能相差100%。那么,投资者在购入基金前应该注意哪些问题呢?

(1)选择老基金还是选择新基金

如果你只是普通投资者,最好不要购买新发行的基金。原因有以下三点。

第一,新基金有三个月建仓期,在此期间,投资者的钱完全拿不出来,不像老基金那样可以及时赎回。

第二,新基金的建仓期看不到仓位变化、历史业绩等信息,不像老基金那样可以通过分析季报、年报来调整投资策略。

第三,新基金一般在牛市最疯狂时发售,待三个月建仓完成后,牛市可能已到末期,投资者极有可能在最高点买入被套牢。而老基金可以实时买入卖出,操作空间大。

(2)分析基金的业绩

投资者可以通过观察基金的星级和历史收益率等方式分析基金的业绩。一般短期的数据可能不准确,投资者最好选择过去3~5年在4星以上或过去3~5年收益率稳定的产品。基金投资是一个让钱慢慢增长的过程,投资者选好基金后减少操作次数才能让收益最大化。

(3) 衡量基金的风险

每个人能承受的风险等级是不同的,有些人面对5%的下跌就开始心惊胆战,而有些人面对30%的下跌依然面不改色。因此,选择一只和自己的风险承受能力适配的基金非常重要。投资者可以通过分析净值波动的幅度来选择适合自己的基金。

(4) 选择基金经理

选择基金经理最简单的方式就是选择各大公司的明星基金经理。明星基金经理相当于基金公司的广告牌,为了提升品牌价值,基金公司会向明星基金经理投入更多的资源,甚至会在市场大跌时牺牲普通基金经理的资金来保护明星基金经理安全撤出。

(5) 明确收益点

投资者投资基金的初衷是赚钱,所以在投资基金前最重要的功课就是明确基金的收益点。

基金的收益点有两个。第一个是股价上涨带来的股价差收益,这是投资者要低买高卖的原因。买得越低,卖得越高,盈利就越多。第二个是公司业绩上涨带来的收益。公司业绩好,每股收益就高,盈利就多;反之,盈利就少。

(6) 基金的费用

任何基金都有手续费,包括申购费、赎回费、托管费等。如果投资者购买的是收益率较低的债券型基金等,就要格外关注手续费的高低,因为手续费可能会影响收益。

如何判断基金的业绩表现

正确判断基金的业绩表现是做好基金投资的重要准备工作。人人都想获利,不想亏损。因此,选择一只业绩表现好的基金至关重要。投资者通常可以分以下两步判断基金的业绩。

(1)看基金的同类排名

投资者要根据"5432"法则观察基金的排名。其中,"5"是指要选择近 5 年同类排名在前 1/5 的基金,"4"是指要选择近 3 年同类排名在前 1/4 的基金,"3"是指要选择近 2 年同类排名在前 1/3 的基金,"2"是指要选择近 1 年同类排名在前 1/2 的基金。

简单地说,这个法则的实质是投资者所选择基金的长期业绩一定要好,例如,要求近 5 年的排名在前 1/5;而对短期业绩的要求则可以不那么严格,例如,近 1 年的排名在前 1/2 即可。

因为基金的短期业绩可能受大盘的影响产生较大的波动,而投资者很难预测短期市场的涨跌,所以基金的短期业绩存在很大的偶然性。大盘的波动对基金的长期业绩影响较小。而且,基金经理应该有能力通过自己的分析在长期投资中选出业绩优异的股票。因此,从长期业绩更能看出一只基金的实力。

(2)进一步筛选出最终投资的基金

用"5432"法则选出可投资的基金后,投资者要观察选出的几只基金的过往业绩是如何实现的。较好的基金的业绩随着大盘的波动会产生适当波动,但随着时间的推移会逐渐跑赢大盘,获得超额收益。

有一种基金前4年的业绩始终不太好,甚至跑输大盘,但近1年来业绩突然增长。这样的基金因为近1年业绩暴涨,所以即使把时间拉长来看,总收益仍能排进前1/5。但是,笔者不建议购买这样的基金,因为这种基金的基金经理很可能欠缺管理能力,不然不太可能前4年一直业绩平平。而他最近1年业绩暴涨可能是因为重仓持有了几只股票,这几只股票由于某些原因而爆发式增长。但一般这样的增长很难持续,终究会回归均值。而且,因为该基金经理的能力不足,后续也很难再选到有潜力的股票。

　　如果投资了这样的基金,投资者很可能在后期遭受严重亏损。因此,投资者应该选择长期持续跑赢大盘的基金,以保证获得稳健的收益。